청춘 밴드 TRPG

스트라토 샤우트

저 ■ 후루마치 미유키/모험기획국
역 ■ 디로버

TRPG CLUB

시작하며

청춘과 폭음이 소용돌이치는 밴드의 세계에 어서오세요.
저자 후루마치 미유키입니다.

본서는 TRPG『청춘 밴드 TRPG 스트라토 샤우트』입니다.
이 책의 전반부에는 상처 입은 동료들과 숨이 막힐 것
같은 괴로움으로 부딪히며 라이브에서 공연을 펼치는 고
등학생 밴드 멤버들의 리플레이가 수록되어 있습니다.

리플레이라는 것은 TRPG를 실제로 하는 모습을 읽을
거리로 만든 것입니다.

플레이어들이 환성을 내지르거나, 캐릭터가 되어 라이
브 당일을 맞이하는 모습이 담겨 있습니다.

또한, 이 책의 후반부에는 독자 여러분이 직접 밴드 멤
버가 되어 라이브에 임하기 위한 게임 규칙이 수록되어
있습니다. 이 게임은 이 책과 즐거운 동료들, 그리고 주
사위와 필기도구가 있으면 할 수 있습니다.

리플레이를 읽고 '재밌겠군'이라는 생각이 들었다면 부
디 직접 해보시길 바랍니다. 그리고 TRPG를 잘 알고 계
신 분도 이 게임을 쉽게 이해할 수 있도록 먼저 리플레이
를 읽어보실 것을 권합니다.

스트라토 샤우트에 대하여

이 TRPG는 젊은 밴드맨이 되어 자신과 주변을 불문하고 쏟아지는 문제들과 마주하면서도 본격적인 라이브에 도전하기까지의 이야기를 그리는 게임입니다. 밴드 멤버들과의 청춘영화 같은 이야기를 즐길 수 있습니다.

게임의 최종목적은 소중한 사람에게 마음을 떨리게 하는 노래를 들려주는 것.

그 사람은 게임에서 「타깃」이라고 불리며, 어떠한 벽으로 막혀 있습니다.

고백하고 싶지만 단 한 발짝을 나아갈 수 없다.

고등학교 마지막 학년에 부활동의 주전에서 빠져버렸다.

부모님에게 진로희망을 반대당했다.

『스트라토 샤우트는』그를 위해, 그녀를 위해 라이브에서 최고의 곡을 연주하여 한 발짝 나아갈 힘을 주는 게임입니다.

자, 시작하자. 제멋대로, 감성적으로, 미소가 나올 정도로 풋풋하게.

우리들의 진심을 담은 연주를 그 녀석에게 들려주자고!

목차

커버 및 리플레이 일러스트 ● 이시카와 카오리
규칙 파트 일러스트 ● 츠즈츠
게임 말 일러스트 ● 오치아이 나고미(모험기획국)

이 항목에서는…
리플레이 본문에 있는 볼드체 부분에 대한 해설이나 보충, 농담이나 의미불명의 이상한 글 등이 적혀 있다. 본문과 반드시 함께 읽을 필요는 없기 때문에 리플레이를 읽다가 틈이 나거나 읽은 후에 읽어보면 괜찮을 것이다.

비밀결사 모험기획국
비밀결사이므로 비밀 사인 같은 것도 있다. 엄지 하나만 치켜들면 "피자라도 시키지 않을래?"라는 사인. 엄지와 검지를 펴면 "2판 시키자"라는 사인. 다섯 손가락을 모두 펴면 먹보로 인정받는다.

이케다
모험기획국 리플레이에 가끔씩 등장하는 디자이너인 이케다(イケダ)와는 다른 사람이다.

온라인 대전
예전에는 게임기를 통신 케이블로 연결해서 해야 했지만 지금은 전세계의 누구와도 인터넷을 통해 대전할 수 있다. 옛날보다 먼 곳의 친구를 만들기도 쉬워졌다.

어느 가을날, 도내 모처.

비밀결사 모험기획국의 게임디자이너 후루마치 미유키는 어느 아파트의 문 앞에 서있었다.

칸사이에 살고 있던 친구가 이사를 와서 그 기념으로 놀러왔던 것이다.

문 앞의 명패를 보니 플라스틱판에 매직으로 이케다라고 써있다.

이케다　　네.

후루마치　　여. 놀러왔어.

이케다　　오오, 어서와. 이미 다 왔어. 들어와.

후루마치　　실례합니다.

그는 **이케다**. 후루마치의 친구다.

원래는 인터넷으로만 알던 사이였지만 바로 의기투합하여 비디오게임의 **온라인 대전** 등을 하며 친해지게 되었다.

방에 들어오니 아는 얼굴들이 여기저기 앉아서 인사를 건네왔다.

사키무라　　오, 안녕~.

그는 사키무라. 이케다의 오랜 친구로 마찬가지로 칸사이 쪽에서 이사온 미남이다.

음악 라이브를 좋아해서 최근에는 작사 같은 것도 하고 있는 듯 하다.

참고로 그도 칸사이 사투리를 쓰고 있지만 이케다와 겹치기 때문에 **표기는 표준어로 되어 있다.**

표기는 표준어로 되어 있다
일종의 출신 위장이다.
(역주: 이케다도 마찬가지로 표준어로 번역됨)

쿄다   안녕하세요.

가볍게 고개를 숙인 것은 쿄다.
특징적인 허스키 보이스와 소년같은 순진한 정신 덕에 어딘가 중성적인 분위기를 풍기는 여성이다.

타치바나   야호~.

화려한 복장으로 손을 흔들어주는 것은 타치바나. 현역 **코스플레이어**다.
이 중에서는 후루마치와 가장 길게 알고 지낸 사이이다.
후루마치는 인사를 나누며 짐을 내려놓고 슬며시 방안을 둘러보았다.

코스플레이어
의상을 직접 만들거나 TRPG(후술) 캐릭터의 코스프레도 하는 듯하다. 한 번은 후루마치가 만든 캐릭터도 코스프레해줬다. 자기가 상상한 캐릭터가 눈앞에 나타난다는 것은 꽤나 신기한 체험이었다.

후루마치   생각보다 깨끗하네.

이케다   뭐, 오늘 집들이 하자고 하니까 서둘러서 치운 거지만.

이사 직후니까 좀 더 어질러져 있을 거라 생각했다. 멋진 뻐꾸기시계나 **신기하게 생긴 기하학 모양의 전등갓**. 이케다다운 좋은 취미라고 느낀다.
그리고 시선을 방 안쪽으로 돌리면..

신기하게 생긴 기하학 모양의 전등갓
끈을 당기면 확하고 펼쳐져서 다른 형태가 된다. 너무 바라보면 스스로의 정신세계 속으로 빨려들어서 제정신이 아니게 되기도 한다. 미남의 방에는 자주 있는 물건이니까 조심하자!

후루마치   오, 베이스가 있네? **그러고 보니 밴드 했었던가?**

이케다   뭐, 그렇지.

그러고 보니 밴드 했었던가?
세션을 스무스하게 시작하기 위해 은근슬쩍 복선을 깔고 있다. 게임은 이미 시작한 것이다.

일렉트릭 베이스
전기신호를 이용한 베이스. 줄여서 일렉베이스. 전기를 쓰지 않는 것은 '어쿠스틱 베이스' 등으로 부르지만 록밴드에서 '베이스' 라고 하면 일반적으로는 일렉베이스를 가리킨다.

카혼
상자 모양의 목제 타악기로, 페루의 민속 악기. 위에 앉아서 측면을 두드려서 소리를 내는 독특한 악기. 운반이 쉽고 의자 대용으로도 쓸 수 있기 때문에 스트리트 뮤지션 등이 애용한다.

밴드 같다
고등학교나 대학교에서 아마추어밴드를 해본 적이 있는 사람이라면 이 느낌을 알 거라 생각한다. 이런 밴드에서는 외식할 돈도 없고, 멤버 중에 미성년자도 있으므로 기본적으로는 친구 집에서 왁자지껄하게 보내는 것이다.

리플레이
이 문장 윗단에 전개되고 있는 회화극. TRPG(후술)를 즐기고 있는 모습을 읽을거리로 만든 것. 그렇지만 지금은 TRPG를 하고 있지 않기 때문에 정확하게는 아직 리플레이가 아니다. 리플레이 오프닝이라고 해야할까.

TRPG
'테이블토크 롤플레잉 게임'의 약어. '테이블토크 RPG'라던가, 'TRPG'로도 표기한다. 종이와 펜으로 노는 게임. 정말 즐겁다. 자세한 해설은 본문을 참조.

반짝거리는 **일렉트릭 베이스**가 2대, 그리고 옆에는 **카혼**도 놓여져 있다.

방에 악기가 있는 것도 멋있다. "칠 수 있어?"라고 물어보니 "그럭저럭"이라고 대답하는 것도 멋있다. 우리집에도 한 대 둬볼까. 하지만 못치잖아… 후루마치가 그렇게 멍하니 생각하고 있으니 사키무라가 손뼉을 쳤다.

사키무라　　그러면 모두 모였으니까 이케다의 집들이 시작해볼까.

전원	오예!

이리하여 집들이가 시작되었다.

테이블 위에는 음료수와 과자. 인원에 맞지 않는 좁은 방에 모여앉아 먹고 마시며 아무래도 좋은 이야기를 나눈다. 왠지 청춘 같은 느낌이 든다. 마치 **밴드 같다**.

밴드… 뭔가 잊어버린 듯하다. 그러니까… 아 그래. 이거 **리플레이**였지. **TRPG**를 해야지. **너무 즐거워서 잊고 있었다.**

후루마치　　자자 전원 주목!

쿄다	어라, 갑자기 왜그러세요?

후루마치　　오늘 여러분과 같이하고 싶은 게임이 있어요.

타치바나	게임?

이케다　　그러고보니 후루마치는 게임 만들던가.

사키무라	TRPG 만들고 있지.

이케다	TRPG? 그게 뭐야?
후루마치	그런가. 이케다는 TRPG를 해본 적이 없군. TRPG라는 것은 종이와 펜, 그리고 주사위로 노는 **아날로그 게임**이야.
이케다	아아, 아날로그 게임은 알아. 최근에 유행하기도 하고.
사키무라	그럼 길게 설명 안해도 되겠네. TRPG는 플레이어들이 함께 이야기를 만드는 게임이야. 각각 의견을 교환하거나, 등장인물 간의 대화를 재현하면서 하나의 이야기로 만들어가는 거지.
이케다	흐음?
후루마치	예를 들면… 이케다가 아침에 출근하려고 집을 나선다 치자. 근데 왠지 현관문이 열리지 않아. 이케다는 어떡할래?
이케다	**창문으로 탈출하려고 할 것 같은데**. 지각은 싫으니까.
후루마치	과연. 그럼 이케다는 돌아가서 창문을 통해 집에서 탈출하려고 했다. 여기서 주사위를 굴려보자. 1~3이 나오면 창문이 열리고, 4~6이 나오면 창문은 안 열려.

후루마치가 **주사위**를 꺼낸다. 이케다는 그것을 테이블 위에 굴린다.

너무 즐거워서 잊고 있었다
TRPG에서 종종 있는 일 중 하나로 '모였지만 결국하지 않고 해산'한다. 꽤흔한 일이다.

아날로그 게임
전기를 쓰지 않는 게임의 총칭. 테이블 게임. 전기를 쓰는 '디지털 게임'에 비해 비-디지털 게임이라는 의미로 이렇게 불린다. 보드게임, 카드게임, 손장난, TRPG 등이 해당한다.

창문으로 탈출하려고 할 것 같은데
누군가에게 전화로 도움을 요청한다, 같은 대답을 상정하고 있었기 때문에후루마치는 약간 놀랐다. 둘의 행동력 차이일 것이다.

주사위
이 책에서는 '주사위'라고 하면 1~6의 눈이 나오는 6면체 주사위를 가리킨다.

이케다	흠? (주사위 굴림) 2.
후루마치	그럼, 이케다는 창문을 열 수 있었다. 하지만 그앞의 풍경은 처음보는 낯선 것이었다. 본래 2층에 있었을 터인 방은 30, 아니 50층 정도는 되는 높이에 있었다. **대체 무슨 일이 일어난 것인가….**
이케다	(꿀꺽)
후루마치	이런 게임이야. 대화로 이야기를 만들고, 주사위에 의해서 분기가 생기지. 종류는 여러 가지 있지만 이게 기본이라고 할 수 있어.
이케다	그렇구만. 조금 알 것 같은데.
쿄다	오늘은 어떤 TRPG를 하나요?
후루마치	지금 제가 만들고 있는 『스트라토 샤우트』라는 게임을 할 겁니다. **TRPG에는** 여러 종류가 있지만 이번에는 모두 밴드를 해주셔야겠습니다!
타카하시	밴드!
쿄다	**밴드다!**
이케다	이 멤버로 밴드를 결성하는 거야? 베이스라면 가능한데.
후루마치	아까도 말했다시피 이 게임은 모두의 상상력으로 노는 거니까. 악기를 전혀 몰라도

대체 무슨 일이 일어난 것인가…
더불어 그 이후는 하나도 생각해두지 않았다.

TRPG에는
여러 종류가 있다. 판타지도, 호러도, 닌자도 있다.

밴드다!
밴드결성이 정해진 순간이라는 것은 매우 두근거리는 것이다. TRPG를 하려는 멤버가 정해진 순간의 두근거림과 비슷하다.

할 수 있고, 밴드에 대해서 잘 몰라도 즐길 수 있도록 만들어져 있어. 물론 아는 사람이라면 그 나름의 즐거움이 있지.

이케다　오. 그러면 나도 할 수 있겠구만.

후루마치　여러분은 라이브를 통해서 어느 인물을 향한 노래를 불러주게 됩니다. 그 인물의 마음에 노래를 전할 수 있을 것인가가 여러분의 사명이 됩니다.

타카하시　어느 인물이라면?

후루마치　게임에서는 『타깃』이라고 부르는 인물입니다. 말하자면 '**최종보스**'라고 할 수 있겠네요. 그들은 모두 『**굴레**』라고 불리는 여러 가지 고민이나 문제들을 품고 있습니다.

쿄다　스트레이트한 네이밍이네요.

후루마치　굴레는 십인십색. 타깃 한 명 한 명 마다 전혀 다른 것들이 따라옵니다. 좋아하는 사람이 있지만 고백할 수 없다. 퇴사하고 싶지만 그럴 용기가 없다. 진로희망이 있는데도 가족의 반대를 무릅쓸 수 없다….

사키무라　과연. 누구든지 한 개는 그런 게 있지.

후루마치　그래요. 그걸 음악의 힘으로 격려해주는 것이 여러분의 역할이라는 겁니다.

타깃
타깃은 다양한 인물이 선정된다. 개인일 필요는 없고, 학교나 상점가 같은 집단이 타깃이 될 가능성도 있다. 이야기에 따라서는 인간일 필요조차 없다. 개라던가 건물이라던가 UFO라도 가능하다.

최종보스
비디오 게임의 클라이맥스에 등장하는 최후의 강적. 지금까지 싸워온 적들의 대장으로 쓰러트리지 않으면 세계가 위험하거나 우주가 위험하거나 하는 식이다.

굴레
타깃이 품은 고민이나 문제들. "부모님이 이혼해서…." 같은 무거운 것부터 "과자봉지를 잘 못 까서…." 같은 아무래도 좋은 것까지.

감성적이네
2010년대부터 자주 들려
오게 된 말이지만 원래는
음악용어이며, 실제로는
2000년 이전부터 쓰여왔
다. 이성이 아니라 마음을
움직이는 듯한 감각을 이
렇게 형용한다.
(역주: 원문은 エモい.
Emotional에서 유래한
일본의 신조어)

타카하시	나, 어휘력이 부족한 표현 밖에 못하지만⋯ **'감성적이네'**⋯.
후루마치	괜찮아요! 그렇습니다, 이것이 바로! 감성적인 게임인 겁니다!
일동	(웃는다)
이케다	갑자기 큰소리 내서 깜짝 놀랐잖아.
후루마치	미안미안. 감성게임으로 만들었으니까 지금 그 감상이 기뻤어요. 자 그럼 바로 여러분의 캐릭터를 만들어볼까요.

후루마치는 클리어파일에서 사람수에 맞는 용지를 꺼내서 한 사람씩 나눠주었다.

이케다	이건?
사키무라	캐릭터 시트야. 자기 캐릭터의 데이터를 여기에 써넣는 거야.
후루마치	네. 비디오 게임에서 '공격력'이나 '민첩성' 등이 써져있는 스테이터스 화면을 본 적 있나요? 그걸 종이에 옮겨놓은 것이 캐릭터 시트입니다.
이케다	과연 그렇구만. 데이터가 있는데 써놓지 않으면 기억하기 힘드니까.
후루마치	역시 게이머. 이해가 빠르네요.

| **이케다** | 그런데 후루마치 점점 존댓말 쓰고 있는데 뭔가 의미 있는 거야? |

| **후루마치** | 이건… 게임마스터를 하면 멋대로 존댓말이 나오게 돼요. 왜지. |

사키무라&타치바나&쿄다 알지~.

| **이케다** | 게임마스터라는 건 게임의 중재자 같은 거? |

| **사키무라** | 그래. 게임의 사회자이자 진행자. **GM**이라고도 부르지. 진행 이외에도 이야기의 줄거리를 준비하거나, 자료가 필요하면 그것도 준비하지. |

GM
다르게는 마스터라고도 불린다.

| **이케다** | 그것 참 큰일이네. |

후루마치→GM 큰일이라면 큰일이지만 그만큼 특별한 즐거움이 있어요. 지금부터 모두가 만드는 이야기의 전모를 알고 있기 때문에 서프라이즈를 준비하는 기분.

| **이케다** | 그런 건가. |

| **GM** | 익숙해지면 이케다도 해보세요. 참고로 이 게임의 GM은 한 명. 그 이외의 이케다나 사키무라는 플레이어라는 포지션이 됩니다. |

| **타치바나** | GM! 캐릭터 만드는 방법 알려주세요! |

| **GM** | 아, 그렇네요. 설명해야지. 모르는 게 있으면 이렇게 언제든지 물어봐주세요. |

GM! 과자 먹어도 되나요!
순진.

이런 것도 허가가 필요해?
내버려두면 테이블 위에
풀코스를 차려놓는 플레
이어가 있는 경우에는 허
가제를 하는 게 좋을지도
모른다.

쿄다	**GM! 과자 먹어도 되나요!**
GM	그럼요.
이케다	**이런 것도 허가가 필요해?**
사키무라	아니. 그냥 먹어도 돼.

캐릭터 제작

1 밴드에 들어와도 돼

GM 캐릭터 제작입니다만… 이번에는 모두 캐릭터를 고등학생으로 만들어주세요.

타치바나 고교생 밴드! **청춘!**

GM 고교생이 아니어도 할 수 있지만요. **기본적으로는 고교생**입니다. 그럼 모두 **1D6**을 굴려주세요. 주사위를 1개 굴리는 겁니다.

일동 네.

　주사위를 굴린 결과, 이케다는 2, 사키무라는 3, 쿄다와 타치바나는 4가 나왔다.

GM 이게 여러분의 밴드 가입 순서입니다. 눈이 작은 쪽부터 순서대로 밴드에 가입했습니다. 순서가 가장 빠른 이케다의 캐릭터는 『**창립자**』. 창립자는 일단 임시 리더가 됩니다.

이케다 흐음.

GM 그 다음이 사키무라, 마지막으로 쿄다 씨와 타치바나 씨의 캐릭터가 같이 들어온 걸로 됩니다.

청춘!
문화제를 위해 밤늦게까지 남거나, 훔친 오토바이로 달리거나, 고시엔의 모래를 온라인 판매 사이트에서 낙찰받거나, 쌍둥이 형제가 한 명의 여자아이를 둘러싸고 한쪽이 사고로 죽거나 한다.

기본적으로는 고교생
어른으로 하는 것도 물론 가능하지만 어른은 고등학생과는 약간 다르기 때문에 고민. 고교생으로 하는 것보다 조금 더 생생한 이야기가 될지도 모른다. 그런 연출을 하고 싶은 게 아니라면 고교생을 추천한다.

1D6
「6면체 주사위 1개를 굴린다」를 이렇게 표기한다. 앞의 숫자는 주사위의 개수, 뒤의 숫자는 그 주사위에서 나오는 눈의 최대치다. 따라서 「6면체 주사위를 2개 굴린다」는 2D6. 「8면체 주사위를 1개 굴린다」는 1D8이다.

창립자
게임에서는 밴드를 창립한 인물을 가리킨다.

엉큼한 속내가 느껴지네
불순한 어른들의 실없는 소리이므로 남녀 혼성 밴드를 결성하고 있는 고교생 제군은 아무것도 신경 쓰지 않아도 된다. 괜찮아, 더러운 건 어른이다.

경위 표
『스트라토 샤우트』에는 「○○ 표」라는 표들이 몇 개 준비되어 있다. 성공, 실패의 2가지로 한정되지 않는 전개를 주사위로 만들기 위한 것이다. 표에는 번호가 붙어 있어서 주사위의 눈에 맞춰 결과를 본다. 신사에서 뽑는 오미쿠지 같은 것과 마찬가지다.

무시해도 좋습니다
표의 결과 대부분은 무시해도 좋다. 표의 결과에 얽매일 바에야, 척척 무시해서 재밌는 이야기를 만들어가자. 단, 그 중에는 무시할 수 없는 표(신 전개 표 등)도 있기 때문에 주의해야 한다.

사키무라	남자 두 명이 모여서 여자를 모으다니, 뭔가 **엉큼한 속내가 느껴지네**.
GM	본인과 캐릭터의 성별이 반드시 같은 건 아니니까… (웃음). 그럼 다음은 **경위 표**입니다. 그 사람이 어떤 【경위】로 밴드에 가입했는지를 결정합니다. 그럼 이케다부터 1D6.
이케다	주사위 1개였지. (주사위 굴림) 1.
GM	1은 「따분함」이네요. 당신은 따분한 나날들이 질려서 밴드를 시작했습니다.
사키무라	이케다답군.
GM	경위 표는 자기 캐릭터 이미지를 정하는 데 써주세요. 「난 이런 캐릭터를 만들고 싶다!」라는 것이 확실한 경우에는 **무시해도 좋습니다**.
이케다	그렇구만. 뭐, 이번에는 이대로 만들게.
GM	이어서 사키무라.
사키무라	(주사위 굴림) 4.
GM	사키무라의 【경위】는 「신앙」. 당신은 밴드의, 또는 특정 멤버의 팬이었습니다.
쿄다	(이케다를 가리키며) 이녀석 밖에 없잖아.
사키무라	이, 이케다 씨~~.

이케다	오, 뭐냐 너. 내가 그렇게 좋아? **밴드에 들어와도 돼.**
GM	(웃으며) 그런 겁니다. 그럼 이어서… 자, 타치바나 씨부터 가볼까요.
타치바나	(주사위 굴림) 3.
GM	타치바나 씨의 【경위】는 「발견」이네요. 당신은 이전부터 밴드에 들어가고 싶다고 강하게 바랐으며, 드디어 **멤버가 부족한 밴드**를 발견했습니다.
타치바나	들어가고 싶었구나~. 오케이.
쿄다	마지막은 저네요? (주사위 굴림) 5.
GM	「직감」입니다. 당신이 어째서 밴드 멤버가 됐는지는 **누구도 모릅니다.**
일동	(웃는다)
GM	당시에 당신을 스카우트한 멤버는 직감으로 '이녀석 뿐이야.'라고 확신했습니다.
이케다	쿄다와 타이밍이 같으니까 타치바나의 캐릭터가 꼬셨을지도.
타치바나	그럴지도. "한 명 더 필요하니까 같이 가주라!"라고 한 걸로 하자.

밴드에 들어와도 돼
자칫하면 "이 항아리 사도 돼." 라던지 "이 프라이팬 나한테 사도 돼." 같은 게 되고 만다. 밴드라서 다행이다. 정말로.
(역주: 일본의 유명한 다단계 사기 멘트)

멤버가 부족한 밴드
대부분의 밴드가 멤버가 부족했던 시기를 경험한다. 그리고 그 타이밍에 첫 해산 위기를 맞이하게 된다. '밴드를 만들자!' 같은 뜨거워진 하트가 식기 전에 서둘러 멤버를 정하지 않으면 비난의 화살을 어디로 돌리지도 못하고 그대로 공중분해 되고 마는 것이다. 창립자는 멤버를 모으기 위해 악기를 다룰 줄 아는 지인들을 찾아다니게 되지만… 지인들이 모두 드러머였다던지 하는 일은 꽤 흔한 이야기다.

누구도 모릅니다
정신차리고 보니 밴드에 가입했다, 고 하는 고교생 밴드라면 꽤 있을 법 하다… 어, 없어?

2 리듬 섹션부터 모이고 있네

GM	그럼 다음은… 드디어 멤버의 【악기】입니다.
사키무라	그러고 보니 여기에 **악기 경험 있는 사람 많지 않아?** 이케다는 베이스 했었고….
GM	저도 드럼 했었네요.
타치바나	나는 **색소폰이라던가 피아노** 같은 걸 했었네. **그리고 합창도.**
GM	쿄다 씨와 사키무라는?
쿄다	저는 아무 것도.
사키무라	나도.
GM	그렇군요. 플레이어가 경험해본 【악기】여도 되고, 아닌 【악기】여도 즐길 수 있을 거에요. 이번 룰북에는 사용할 수 있는 【악기】로서 보컬, 기타, 베이스, 키보드, 드럼까지 모두 5종류가 있습니다.
이케다	이거 겹쳐도 돼?
GM	돼요. 물론 겹치지 않는 쪽을 추천하지만요.
타치바나	(룰북을 읽으며) 이 **프레이즈 버스트**라는 건?

악기 경험 있는 사람 많지 않아?
현대가 무대인 TRPG의 특징은 자신의 경험을 게임에 활용하기 쉽다는 것이다. "마법 써본 적 있습니다.", "도적이었습니다." 같은 플레이어는 별로 없다.

색소폰이라던가 피아노
뭔가 가정환경이 좋을 것 같은 라인업이다. 8000점.

그리고 합창도
또 한 가지 역할이 붙어서 12000점.

프레이즈 버스트
캐릭터가 사용할 수 있는 필살기. 밴드를 하는 게임인데 필살기가 있는 것은 좀 신기하다. 하지만 악기를 연주하고 있으면 "으쌰! 내 필살기를 받아라!" 같은 생각이 들고 마는 것도 사실이다. 그런 것이다.

GM	【악기】고유의 필살기입니다. 사실은 【악기】마다 다른 부분은 이 데이터 뿐이라서 프레이즈 버스트를 기준 삼아서 골라도 됩니다.
이케다	음… 베이스를 하고 싶긴 한데, 드럼이 끌리네. 드럼 할게.
GM	드럼부터 모였구나. 재밌는 밴드네요.
쿄다	**다지고 싶어!** 같은 느낌으로 됐겠네요.
사키무라	리더, 그 다음엔 무슨 【악기】넣고 싶어?
이케다	뭐든지 괜찮은데.
사키무라	그럼 베이스로.
쿄다	**리듬 섹션**부터 모이고 있네.
타치바나	그럼 나는 보컬. 【경위】를 생각하면 노래할 수 있는 곳을 찾지 않았을까 싶네.
쿄다	그럼 타치바나가 **보컬 겸 기타**를 하고 나는 키보드를 할까.
GM	좋네요. 보컬 겸 기타라면 습득하는 【악기】는 기타여도 되고, 보컬이어도 됩니다.
이케다	이거 **화음** 같은 거라도 보컬 골라도 돼?
GM	네. **약간은 억지로 습득해도 됩니다.**
타치바나	**목탁**으로 드럼을 익혔다던가.
GM	괜찮… 습니다만 그게 대체 무슨 밴드죠.

다지고 싶어!
마치 파 다지기 중독자 같은 대사. 파 다지기 중독자는 뭐지.

리듬 섹션
밴드나 오케스트라에서 리듬을 담당하는 악기군을 이렇게 부른다. 밴드에서는 베이스와 드럼이 해당한다. 리듬 섹션에 대하여 멜로디를 담당하는 악기를 '멜로디 섹션'이라고 부르는 문화도 있지만… 이 말은 로컬에서나 통용되는 것일지도. 안 통하면 미안하다.

보컬 겸 기타
기타를 치며 노래하는 보컬. 신나게 연주하며 노래하는 모습은 진짜 멋있다. 되도록 간단한 악보를 담당하고, 복잡한 악보는 다른 기타가 맡는 경우가 많다. 하지만 그중에는 초복잡한 악보를 혼자서 치면서 초복잡한 노래를 부르는 사람도 있다. 진짜 굉장하다.

화음
메인보컬에게 화음을 넣거나 보컬을 일부분 담당하는 등의 보조적인 보컬을 '서브보컬'이라고 부른다. 서브보컬도 훌륭한 보컬이다. 【악기】로서 습득할 수 있다.

약간은 억지로 습득해도 됩니다
이 말이 나온 순간 기다렸다는 듯이 '들썩'이는 플레이어가 반드시 1명은 있다.

목탁
밴드 신의 다양화가 이뤄지는 작금에 이런 밴드가 결코 없다고는 할 수 없다.

인트로 페이즈

1 동트기 전 같은 거니까

이러니저러니 해서 【경위】와 【음악】이 결정됐다.

플레이어들은 마찬가지로 GM의 설명을 들으며 **캐릭터 시트를 채워나간다.**

약 30분 정도의 제작 시간이 지나 드디어 모든 캐릭터가 완성되었다.

캐릭터 시트를 채워나간다
구체적으로는 작전 결정, 특기 습득, 레벨 및 【악기 위력】과 【기량】을 기입하면 캐릭터는 완성된다.

GM	모두 완성됐나요?
사키무라	응, 다 됐어.
GM	여러분은 경음악부를 만들었던가요.
이케다	그래. 학교에 없었으니까.
GM	과연… (메모하면서) 감사합니다. 그러면 캐릭터 소개를 해보죠. 여러분이 어떤 캐릭터가 될지, 어떤 【경위】로 가입했는지, 등등을 소개해주시면 됩니다. 가입 순으로 가도 괜찮을까요?
이케다	괜찮아.
GM	그럼 이케다의 캐릭터부터 부탁드립니다.

시라베 마구로(調真黒)

레벨: 1

【악기】: 드럼

【경위】: 따분함

【작전】: 이모션

특기: 《꿈》《눈》《계절》
《정열》《달리다》《후회》

어빌리티: 체이스 비트

이케다→마구로	고등학교 1학년, 시라베 마구로.
GM	멋있는 이름이네요.
이케다	한자는 그렇지.
사키무라	발음은 **완전히 수산물**이지만.
마구로	줄곧 부활동에 들어가지 않고 이러니저러니 하다가 여름방학이 됐을 즈음에 갑자기 따분함을 느끼고 밴드를 해야겠다고 결심, 결심한 그날 바로 드럼 세트를 샀습니다.
GM	대단해!

완전히 수산물
음악 아티스트 중에는 별난 이름을 쓰는 사람들이 많다. 물고기 이름을 가진 사람이 있다고 해서 결코 신기한 일은 아니다. 이름에 '물고기'라는 단어 자체를 박아넣은 밴드조차 여럿 있다. 음악과 물고기 사이에는 어떤 깊은 관계가 있을지도 모른다.

타치바나	부자네….
마구로	세뱃돈을 잘 모아가지고.
쿄다	기특한 애다.
마구로	부족한 금액은 부모님에게 도게자해서 드럼 시작하게 해주세요 하고 빌었어.
GM	갑자기 **어쿠스틱 드럼**을.
쿄다	**이거, 이제 못 그만두겠네.**
타치바나	하긴 그렇지.
마구로	그리고… 엄청 뜨거운 남자입니다. 악기경험은 엄청나게 일천하지만.
GM	그런 느낌이 들긴 하네요.
마구로	집에서 소리 낼 수 있나… 차라리 전자 드럼으로 할까.
GM	제 친구 중에 주변이 전부 논이라서 마음대로 실컷 연주했던 드러머가 있어요.
마구로	그럼 그걸로 하자. 학교까지 전차와 자전거를 갈아타면서 1시간 반.
쿄다	**멀어!**
사키무라	마구로가 아니었으면 진작 포기했겠지.
GM	다른 플레이어들은 캐릭터 시트의 【인연】란에 마구로의 이름을 적어두세요.

어쿠스틱 드럼
전자 드럼에 비해 전기를 쓰지 않는 드럼을 어쿠스틱 드럼이라고 부른다. 드럼은 꽤나 소리가 큰 악기지만 전자 드럼은 칠 때 그렇게까지 크지 않고, 자택에서도 소음을 신경쓰지 않고 연습할 수 있다. 연주하는 소리는 헤드폰으로 들을 수 있다.

이거, 이제 못 그만두겠네
드럼 세트는 부피가 크기 때문에 안 쓰게 됐을 때는 밑도 끝도 없이 '부정적 유산'처럼 느껴지게 된다.

멀어!
하루에 2번밖에 안 다니는 버스로 환승하며 통학하는 곳도 있다. 전철이 있는 것만으로도 행복한 일일지도.

22

일동　　네~.

GM　　그럼 창립자는 마구로인 걸로… 다음으로
　　　　가입한 사람은 사키무라.

코부시 루이(小節涙)

레벨: 1

【악기】: 베이스

【경위】: 신앙

【작전】: 이모션

특기: 《과거》《눈》《하늘》
《슬픔》《울다》《삶》

어빌리티: 모멘트 킬러

사키무라→루이　코부시 루이입니다. 고등학교 1학년 남
　　　　　　자애로, 베이스를 맡고 있습니다. 그래서…
　　　　　　GM.

GM　　네. 말씀하세요.

루이　　이 게임, 특정한 한 사람에게 음악을 전하
　　　　는 것이 목적이지?

GM　　그렇네요. 누구에게 전할지는 시나리오에
　　　　설정되어 있습니다. **뭔가 하고 싶은 거라도?**

뭔가 하고 싶은 거라도?
플레이어는 게임 전개에
대해 게임마스터와 교섭
할 권리가 있다. 제안이
있다면 거리낌 없이 말해
보자.

23

루이	저, 그 사람을 울리고 싶은데.
GM	울리고 싶다.
쿄다	진짜 나쁘네.
루이	아냐. 눈물 얘기는 지인 중에 잘 안 우는 사람이 있는데, 그 사람을 감동시켜서 눈물짓게 만들고 싶다는 소망이 있어서 그래.
GM	아, 울면 편해지니까요. 마음이 정화되니까 말이죠.
타치바나	울지 않으면 계속 쌓이게 되니까. 그런 거지.
루이	그래. 울고 편해졌으면 좋겠어. 감정을 폭발시키고 싶어. 발산시키고 싶어.
마구로	**사람은 이름따라 간다**고 하니까.
쿄다	이름 표에서 **'어니언'** 같은 게 나왔을 때는 어떡할까 싶었지만.
GM	**약간 바꾸면 괜찮은 이름이 되겠네요.**
루이	하지만 루이 자체는 **아싸 캐릭**이라서 뜨거운 마음을 행동으로 옮기지 못해요. 그렇게 불완전연소하고 있던 부분을 마구로의 뜨거움에 끌려서 가입하게 됐습니다.
GM	그야말로 「신앙」이네요. 좋습니다. 타깃은 그런 인물로 해두죠.

사람은 이름따라 간다
아무리 그래도 부모님이 그런 의미로 짓진 않았을 것 같다. 아마도.

'어니언'
처음에는 진짜로 '어니언'이라는 캐릭터를 만들고 있었지만 밴드 멤버들이 특이한 이름 대잔치였기 때문에 신경써주었다. 고맙다 정말.

약간 바꾸면 괜찮은 이름이 되겠네요
잘 바꾸거나 밀어붙이고서 진짜 괜찮다는 소릴 들었을 때의 상쾌함은 정말 독특한 즐거움이다.

아싸 캐릭
'아웃사이더 캐릭터'의 줄임말. 더 줄여서 '아싸캐'라고 하기도. 반대말은 '인싸 캐릭'. 원래는 멸칭이었지만 지금은 자학적인 쓰임새가 일반적인 추세.

루이	고마워.
쿄다	【악기】는 어떻게 시작했어?
루이	모처럼이니까 【악기】를 시작한 계기도 그걸로 하자.
타치바나	친구 한 명 때문에 베이스를 사버린 거구나.
루이	초등학생 시절에 사주신 이후로 계속 혼자서 연습했지.
마구로	이녀석도 남자니까. 마구로는 그런 점을 꿰뚫어 봤을지도.
쿄다	고른 【악기】가 베이스라는 점이 서툴게 느껴지네요.
GM	혼자서 음악을 하기에는 **난이도가 높으니까요.**
타치바나	**마음속에서는 함께 음악할 친구를 찾고 있었을지도 몰라.**
루이	뭐, 그런 느낌입니다.
GM	좋아요. 그 뒤에는 거의 동시에 타치바나 씨의 캐릭터와 쿄다 씨의 캐릭터가 들어왔습니다만. 어느 분부터 소개하시겠어요?
타치바나	저부터 할게요.
쿄다	오.

난이도가 높으니까
불가능은 아니다. 베이스와 드럼만으로 구성된 밴드나 베이스를 치며 노래하는 아티스트도 존재한다.

마음속에서는 함께 음악할 친구를 찾고 있었을지도 몰라
진짜 감성적이다. "그럼 베이스로." 같은 가벼운 대사로 시작해서 여기까지 감성을 끌어올리다니 훌륭하다.

코에다카 오토야(声高音矢)

레벨: 1

【악기】: 보컬

【경위】: 발견

【작전】: 이모션

특기: 《꿈》《심장》《무기》《정열》《외치다》《본성》

어빌리티: 스트라토 샤우트

타치바나→오토야　코에다카 오토야. 1학년 남자애입니다. 담당은 보컬 겸 기타. 노래를 좋아하고 꿈은 록 뮤지션이 되는 것.

GM　오오, 꿈이 크네.

오토야　록은 뭐랄까… **이모셔널**한 느낌으로 동경하고 있는데, 아직 고1이고, 소년이고, 꽤나 활기찬 느낌의 순진한 남자애.

GM　아아, 멋진 이미지를 동경하고 있지만 아직 거기까지 닿지는 못했다는 거죠.

오토야　맞아맞아. 피어스도 뚫어보려고 했지만 **교칙위반이고 아플 것 같기도 하고** 해서 거기까진 못갔어.

이모셔널
직역하면 '감정적'. 여기서는 '정열적'이라던가 '혼이 담긴' 같은 의미.

교칙위반이고 아플 것 같기도 하고
이런 작은 빈틈이 갭으로 작용하여 본인은 자각이 없지만 인기를 끄는 타입.

쿄다	너 좀 귀엽다.
오토야	귀엽다는 소리 듣는 걸 제일 싫어해(웃음). 아무튼 밴드를 하고 싶어서 연습 스튜디오에 붙어있던 멤버 모집 공고는 전부 지원해봤지만….
뻐꾸기시계	뻐꾹.
오토야	**뻐꾹.** 자기가 하고 싶은 게 명확해서 **음악성의 차이**로 많이 싸워가지고… 여러 밴드를 전전했습니다.
루이	"나는 이런 음악이 하고 싶은 게 아냐!" 같은 느낌인가.
오토야	맞아. 좀 더 뜨거운 밴드를 하고 싶어.
GM	뭐, 진정성이라는 건 밴드마다 각양각색이니까요.
루이	어느 쪽이 좋다 그런 말은 아니지만 너무 차이가 나면 괴로워.
오토야	이 밴드도 이상한 녀석들이 잔뜩 있지만 노래할 수 있다면 갑니다! 하고 지원했어. 아마 마구로의 뜨거운 부분에 이끌린 거 아닐까. 진심으로 하고 있으니까.
GM	그럼 오토야는 경험이 많겠네요.
오토야	아마도. 보컬만으로는 밴드에서 잘 안받아줘서 **어쩔 수 없이 기타도 익혔어.** 【악기】는 보컬이니까 이쪽이 전문이겠지만.

뻐꾹
비트를 새기는 뻐꾸기시계와 애드리브를 맞추는 보컬. 우리들은 이미 밴드, 이미 이곳은 스테이지다. 보여주자고, 우리들의 혼을! 가자고, 둘이서 피리어드의 끝까지!

음악성의 차이
가끔 농담 섞어서 쓰는 말이지만 멤버 중에 누구 한 사람이라도 악곡에 싫증나게 되면 협력해서 하나로 표현해야 하는 팀으로서는 치명적이다. 무시할 수 없는 요소다

어쩔 수 없이 기타도 익혔어
완고해보이는 오토야지만 외고집쟁이는 아닌 듯하다.

27

GM 이 중에서는 무대 경험이 가장 많을까요.

오토야 그럴지도 몰라요. 오래하지는 않겠지만.

GM 그럼 마지막, 쿄다 씨.

쿄다 맡겨줘!

아마미 알칼리(天海アルカリ)

레벨: 1

【악기】: 키보드

【경위】: 직감

【작전】: 테크닉

특기: 《자신》《손》《마법》
《두근거림》《부르다》《본성》

어빌리티: 스케일 댄스

쿄다→알칼리 네. 아마미 알칼리.

GM 아마미 알칼리.

오토야 **이미 밴드명 같은데.**

알칼리 아마미 알칼리. **이니셜은 AA입니다.** 담당 【악기】는 키보드. 직감으로 오토야 군에게 끌려왔습니다.

오토야 "밴드에 가입시켜주세요. 얘도 들어갈 테 니까!"

이미 밴드명 같은데
대히트곡 '나트륨'도 수록된 1st 앨범 『연애 리트머스』절찬리에 발매 중.

이니셜은 AA입니다
"확실히 그렇지…?" 이 자기소개를 들은 플레이어들의 머릿속에는 물음표가 떠올랐다. 본인은 어필포인트라고 생각했겠지. 알칼리의 캐릭터성을 알 것 같다.

알칼리	"좋아!"
GM	가벼군.
알칼리	느긋한 마이페이스 느낌의 남자아이. 예전부터 피아노를 해와서 고등학교에 올라갔을 때는 다른 걸 해보고 싶다고 마음먹었습니다.
오토야	고교 데뷔네.
알칼리	여러가지 부활동을 견학해봤지만… 뭔가 아니어서 그만뒀고. 수영부는 시원해서 좋다고 생각했지만 **피부가 타는 게 아파서 그만뒀어.**
GM	포기가 빠르고 생각이 짧네.
알칼리	그러다가 갑자기 오토야가 키보드 하지 않을래 라고 해서 즐거워보이니까 따라갔어.
오토야	알칼리가 음악실에서 피아노 치고 있을 때 오토야가 들어와서 "너 좀 치네!"
루이	**드르륵 쾅(미닫이문)!**
오토야	"키보드!"
알칼리	"어? 좋아."
GM	또 '키보드'라는 말밖에 안하네요.
루이	알칼리는 **언행이 천재형 같네.**
GM	오토야와는 **다른 방향의 천재** 같아보이네요.

피부가 타는 게 아파서 그만뒀어
"실내 수영장이라면 들어갔어?"라고 물어보니 "물속은 숨막혀서 그만뒀어."라고 답할 것 같은 기세.

드르륵 쾅(미닫이문)!
이런 전개에서 나타나는 사람은 대부분 정상적인 인물이 아니다. 요리에 트집을 잡거나 인류 멸망을 선언하거나 한다.

언행이 천재형 같네
하지만 생각이 짧다.

다른 방향의 천재
오토야는 '나중에 전설로 회자되는 뮤지션'스러운 캐릭터지만 알칼리는 어느새 IT분야의 선구자가 돼있을 것 같은 캐릭터다.

29

마구로   중학생 시절에는 콩쿨에서 우수상도 탔을
것 같아.

알칼리   피아노 실력은 좋을 거라 생각해. 하지만
키보드는 아직 쳐본 적 없고, 합주해본 적
도 없으니 그런 **연습이 필요하지 않을까**. 기
분에 따라서 "그만둘래." 하고 그만두기도
하니까.

연습이 필요하지 않을까
피아노와 키보드의 가장
큰 차이점은 건반 무게다.
키보드는 건반이 전기신
호를 보내는 버튼이지만
피아노는 건반을 누름으
로써 내부에 있는 해머를
움직여 현을 때리는 구조
이기 때문에 키보드보다
몇 배는 무겁다. 그 외에
건반을 누르는 정도에 따
라 음색이나 음량의 변화,
키보드에 붙어있는 신시
사이저 기능 등 비슷해 보
이면서도 상당히 다른 악
기이다.

GM   그렇군요그렇군요. 한 가지 신경쓰이는 게
있습니다만… 본명입니까?

알칼리   네(의문스러운 표정).

아… 네
이 세상에는 건드리면 안
되는 영역이라는 게 있다.

GM   **아… 네.** 그럼 이렇게 4명으로 밴드를 짜도
록 하겠습니다.

일동   와~(박수)

GM   다음은 리더 위임입니다.

오토야   어? 리더 바꾸는 거야?

GM   이 게임은 캐릭터 제작 시 맨처음에 리더를
정하게 되잖아요. 하지만 캐릭터를 만들다
보면 **리더답지 않게 되기도** 할 거에요.

리더답지 않게 되기도
가능한 사례 중 하나로 작
사, 작곡, 노래 등 중요
한 역할을 모두 리더 혼자
서 맡게 되어버리는 경우
도 생각해볼 수 있다. 물
론 그렇게 해도 밴드는 성
립하지만 상당한 카리스
마와 스킬, 그리고 노력이
필요할 것이다.

루이   아아, 캐릭터의 방향성이 달라졌을 때를 대
비한 구제조치인가.

GM   그렇습니다. 서로 상의해서 정하고 최종적
으로는 창립자가 지명합니다.

마구로   리더 하고 싶은 사람 있어?

알칼리	마구로는 리더답지 않아?
오토야	아니, 리더다운데.
마구로	그럼 내가 하지.
GM	알겠습니다. 리더는 계속해서 마구로가 맡고… 그럼 다음이 마지막입니다. 바로 밴드명입니다.

방 안에 **찌릿하는 분위기**가 흐른다.

GM	표도 있습니다.
오토야	굴릴게요. (주사위 굴림) 56.
GM	「가을/겨울」. 영어로 하거나, 가타카나로 하거나, 연상되는 걸로 하거나 원하는 걸로 해도 됩니다.
알칼리	영어라면… 어텀과 윈터인가.

각각 제안해보지만 쉽게 정해지지 않는다.

마구로	한 번 더 굴려도 돼?
GM	그러세요.
마구로	(주사위 굴림) 46.
GM	「금/은」.

각각 제안해보지만 아무래도 잘 안정해진다.

루이	쉽게 안되네. 한 번 더 굴려도 돼?

찌릿하는 분위기
『스트라토 샤우트』뿐만 아니라 주인공 파티의 팀명을 정하는 것은 꽤 시간이 걸리는 작업이다. 너무 정하기 힘들다면 굳이 정하지 말고 스토리를 진행시키는 방법도 있다. 라이브까지 밴드명이 자연스럽게 정해지면 그것도 나름 좋은 이야기가 된다.

31

GM	물론 괜찮아요. 정해질 때까지 굴려도 됩니다.
루이	(주사위 굴림) 「아침/밤」인가.
오토야	아침… 금색…『선라이트』.
GM	오, 좀 멋있네요?
알칼리	하지만 선라이트 뿐이라면 이미 있을 것 같은데.
오토야	그럼 『선라이트 샤우트』!

참가자 모두의 머리 위에 느낌표가 떠올랐다.

알칼리	좋네!
마구로	태양을 향해 외쳐라, 같은 느낌이군.
루이	멤버 모두 **동트기 전** 같은 거니까. 진짜 좋지 않아?
오토야	진짜 그렇네!
GM	괜찮은 말을 하네. 그럼 밴드명은 이걸로 하겠습니까?
일동	네!
GM	좋아요좋아요. 그럼 드디어 본편입니다. 휴식하고나서 마스터 장면으로 들어가겠습니다.
알칼리	GM! **과자 하나 더 먹어도 되나요!**
GM	그러세요.

동트기 전
문득 생각나서 드럼을 시작한 마구로, 계속할 밴드를 찾지 못했던 오토야, 소중한 사람에게 감동을 전해주고 싶은 루이, 새로운 자극을 바라며 밴드에 참가한 알칼리. 모든 멤버들이 각자 이야기의 스타트 지점에 섰다.

과자 하나 더 먹어도 되나요!
순수하다. 안된다고 하면 어떻게 될까.

2 활활 불타고 있습니다.

GM	그러면 마스터 장면입니다.
마구로	그러고보니 마스터 장면이 뭐야?
GM	아아, 아직 설명하지 않았군요. 신에 대해서는 뒤에 자세하게 설명하겠습니다만 간단히 말하면 게임마스터가 진행하는 신입니다.
마구로	다른 신과는 뭐가 다른데?
GM	네. 일반적인 신은 여러분의 분신인 **PC(플레이어 캐릭터)**가 주인공이 되어 진행합니다. 요컨대 선라이트 샤우트의 멤버네요.
마구로	흐음.
루이	마스터 장면은 어떻게 설명하면 좋을까.
GM	가위바위보에서 하는 "가위바위~" 같은 부분이고, 동요 중에 "리 리 리자로 끝나는 말은" 같은 부분이라고 할까요.
마구로	아… 승부에는 상관없지만 게임 진행에 필요한 부분이라는 거지?
루이	압도적 이해력.
GM	진행하기 쉽네.
알칼리	뭐, 일단 해보면 좋지 않을까.
GM	그러면 본격적으로 마스터 장면을 연출하겠습니다.

PC(플레이어 캐릭터)
플레이어들이 이야기 속에서 움직이는 캐릭터. 여기서는 마구로나 루이 등을 말한다. 한편 게임마스터가 움직이는 캐릭터는 NPC(논플레이어 캐릭터)라고 부른다.

스트라토 샤우트

아오가네 고등학교
이 이야기에 등장하는 가상의 학교. 『스트라토 샤우트』의 규칙 파트에는 세션에 쓸 수 있는 가상의 도시 설정을 싣고 있으므로 자유롭게 어레인지해서 쓰길 바란다.

겨울의 어느날. **아오가네 고등학교**의 1학년인 네 명은 경음악부 부실로 향하고 있었다.

서로 말하지 않았어도 자연스럽게 합류해서 걸음을 맞추는 네 명.

밴드는 여름방학이 시작할 때 결성한 참으로, 아직 만난지 반 년도 되지 않은 멤버들이었지만 그간에 새긴 리듬은 신기할 정도로 일치하는 것을 느끼고 있었다.

컨테이너 하우스
GM의 고등학교 경음악부가 이런 느낌이었다. 창문에는 암막이 쳐져서 안을 볼 수는 없었지만 폭음이 충만한 컨테이너는 마치 공기를 빵빵하게 넣은 타이어처럼 부풀어오른 듯했다.

GM	부실은 교사에서 떨어져 있는 **컨테이너 하우스**입니다. 예전에 이 학교에 있었던 경음악부의 것인 듯합니다. 여러분이 부활동을 시작할 때 싹 청소해서 쓸 수 있게 만들어 뒀습니다.
알칼리	"먼지가 좀 쌓여 있었지만, 청소하니까 괜찮아졌네!"

반드시 목이 상했을걸
점막이 상해서 집먼지 알레르기가 생길 때도 있다. 먼지를 무시해선 안된다.

오토야	"아아, 그대로 노래했으면 **반드시 목이 상했을걸.**"
GM	그런 얘기를 하면서 걸어가니… 여기서 고문 선생님이 나타납니다.

부활동이면 고문 선생님이 있겠지
학생 관리보다는 학생이 쓸 수 있는 예산 관리가 목적인 경우가 대부분이다.

오토야	그런가. **부활동이면 고문 선생님이 있겠지.**
GM	고문 선생님은 아시야 선생님이라고 합니다. 그는 여러분에게 "오우, 너희들 지금부터 부활동하러 가나?"라고 말을 겁니다.
알칼리	주먹밥을 먹으며 "네~"

마구로	"무슨 주먹밥?"
알칼리	"가쓰오부시!"
오토야	그럴 것 같았어.
알칼리	"가쓰오부시 맛있으니까요!"
GM	아시야 선생님은 "그렇구만. 가쓰오부시 맛있으니까!" 하고 즐겁게 말합니다.
루이	누가 말리지 않으면 계속 주먹밥 얘기만 할걸.
GM	(웃으며) 그럼 아시야 선생님이 생각났다는 듯이 "너희들 스즈나리는 만났니?"라고 묻습니다.
마구로	스즈나리?
GM	네. 스즈나리는 여러분의 첫 라이브 곡을 만들어줄 예정인 남자애입니다. 같은 1학년이고 이름은 스즈나리 소마 군이라고 합니다.
오토야	고교생이 작곡도 할 수 있다니 대단하네.
GM	그래요. 심지어 그 속도는 놀랄 정도입니다. 일주일에 한 곡에서 두 곡 정도의 페이스로 만들고 있습니다.
마구로	장난아니네.
루이	소마가 타깃이려나.

장난아니네
학교 수업을 받으면서 이 속도는 진짜 대단하다. 다만 이런 페이스로 만드는 사람은 드물다. 분명히 밥도 거르고 잠도 부족할 것이다. 제대로 자야 한다. 젊으니까.

GM	그렇습니다. 그에게 노래를 전하는 것이 이 게임에서 여러분의 목적입니다.
알칼리	전해주지~
GM	그리고 여기서 잠시 시간을 멈춰두고. 여러분은 **초기 【인연】을 획득**하셔야 합니다.
오토야	초기 【인연】이라는 건?
GM	네. 우선 【인연】에 대해서 설명하겠습니다. 아까 캐릭터 시트에 자기 이외의 PC 이름을 적었지요. 그게 【인연】이라는 데이터입니다. 아직 강도는 모두 0점이지만… 이 강도를 소비하면 **작전**을 사용할 수 있습니다.
마구로	아아, 캐릭터 제작 때 정한 그건가.
GM	네. 그리고 초기 【인연】이라는 것은 게임 개시 시점에서 누군가가 소마에 대해 품고 있는 마음입니다. 누구 한 명이 조건없이 획득할 수 있습니다. GM으로서는….
오토야	루이지.
알칼리	그러겠네요.
루이	그럼 내가 갖지. **초등학생 시절부터 알던 사이로 하자.** 작곡도 내가 부탁했어.
GM	당신은 그가 우는 걸 한 번도 본 적이 없습니다. 항상 생긋이 웃습니다. 그러나 그는

초기 【인연】을 획득
규칙 상 이 처리는 마스터 신 개시 전에 하는 것이지만 이처럼 마스터 신 중에 해도 된다. 게임마스터가 잊어먹고 마스터 신에 서둘러 처리하는 것이 아니다. 진짜 아니다. 부디 오해하지 않기를.

작전
PC가 라이브에서 어떤 신념에 따라 행동할지를 나타내는 데이터. 자신의 감정에 따라 연주하는 「이모션」, 연주기술로 관객을 압도하는 「테크닉」, 독자적인 이론으로 연주를 전개하는 「로직」의 3가지 중에서 게임 개시 전에 한 개를 습득한다. 같은 캐릭터로 게임을 계속한다면 다음에는 작전을 바꿔도 된다.

초등학생 시절부터 알던 사이로 하자
캐릭터를 만들 때는 없었던 설정이지만 이 순간에 정해졌다. TRPG에서 자주 있는 '무에서 유를 창조하듯 과거를 만드는' 일이다.

	누구보다 상처받기 쉬운 사람임을 당신은 잘 알고 있습니다.
루이	울릴 수밖에 없구만.
GM	그럼 이어서 【인연】의 속성을 정하겠습니다. 이건 **주사위를 굴려도 되고**, 자기가 정해도 됩니다.
루이	모처럼이니 굴릴게. (주사위 굴림) 6.
GM	6은「애정/빚」이네요. 원하는 쪽을 골라 획득할 수 있습니다.
루이	……. (조금 생각하고선)「빚」으로 하죠.
GM	알겠습니다. 강도는 1점입니다.
루이	네.
GM	초기【인연】은 다른 PC도 획득할 수 있습니다만 **판정**이 필요합니다. 판정이라는 건 주사위의 눈으로 이야기의 분기를 만드는 거라고 할 수 있겠네요.
마구로	모처럼이니 해볼까. 디메리트 같은 게 있어?
GM	없습니다. 무조건 하면 좋아요. 굳이 말하면 **무관계로 있을 수 없다**는 것 정도일까요.
마구로	그럼 할게. 어떻게 해?

주사위를 굴려도 되고
앞서 말한 대로 '표'를 사용한다. 【인연】의 속성을 정하기 위한 감정 표다.

판정
PC가 무언가 행동을 할 때 그 행동이 성공할지 실패할지 주사위를 굴려서 정하는 행위를 '행위판정' 또는 '판정'이라고 부른다. 행동의 성공판정이라고도 한다.

무관계로 있을 수 없다
NPC와 무관계이기 때문에 할 수 있는 것도 있다. 거리에서 운명적으로 만나고서, 나중에 학교에서 "아 그때!"하는 패턴 같은 것은 무관계가 더 연출하기 쉽다.

37

GM	캐릭터 시트에 '특기 리스트'라는 게 있죠. 거기에 동그라미를 쳤을 텐데요. 그 중에서 이번 판정에 쓸 것 같은 특기를 찾아주세요.
마구로	쓸 것 같은 특기인가….
GM	다소 억지스러워도 돼요. 또는 "이런 【인연】을 가졌을 것 같은데." 같은 에피소드에 관련된 특기라던가.
마구로	그러면 《정열》. 나도 소마의 뜨거운 부분에 이끌렸지. 곡도 들어보니 후끈후끈하고. 이 녀석이 곡을 만들어줬으면 했어.
GM	좋네요. 오케이입니다. 그럼 《정열》로 판정하겠습니다. 갖고 있는 특기는 주사위를 2개 굴려서 5 이상이면 성공입니다. 갖고 있지 않은 특기로 판정하면 갖고 있는 특기에서 떨어진 1칸마다 6 이상, 7 이상 이렇게 허들이 올라갑니다.
마구로	5인가. 나올 것 같네. (주사위 굴림) 4.
GM	실패입니다. 마구로는 소마에 대해서 아무런 감정도 없습니다.
마구로	**곡까지 만들어줬는데?!**
GM	아직 잘 모르는 거 아닐까요.
오토야	박정한 리더네.

곡까지 만들어줬는데?!
판정에 실패한 결과 마구로가 완전히 은혜도 모르는 놈이 될 뻔 했다. 이런 일도 있다.

마구로	뭐야, 오토야는 【인연】 갖고 있어?
오토야	나는 정열적인 동료를 확실히 리스펙하고 있으니까 (주사위 굴림) …아.

오토야, 알칼리도 획득 판정에 도전했지만 역시나 실패하고 말았다.

알칼리	아무도 특별하게 생각하지 않는 건가.
오토야	이건 우리들의 문제라기보다….
루이	소마의 문제겠지. 모두에게 마음을 열어주지 않는 거야.
GM	**괜찮은 해석이네요**. 그럼 멈춘 시간을 재개하도록 하죠. 아시야 선생님은 "스즈나리는 이미 만났나?"라고 묻습니다. 여러분은 적어도 오늘은 만난 적이 없습니다.

괜찮은 해석이네요
판정 결과는 '성공'과 '실패' 2가지 뿐이지만 그 결과를 어떻게 받아들일지는 플레이어 나름이다. 실패해도 잘하면 로맨틱한 연출도 가능하다.

알칼리	"스즈나리는 저도 잘 모르겠네요. 몰라요."
오토야	"나도 본 적 없네."
GM	"그런가…." 아시야는 아쉽네, 하고서 한숨을 쉽니다.
루이	"소마한테 무슨 일 있으세요?"
아시야(GM)	"그 녀석이 너희 라이브에 쓸 곡을 만들겠다고 했잖나. 근데 아무래도 슬럼프에 빠져서 제대로 작곡할 수 없는 것 같단 말이지."

루이	"하지만 걔는 그런 말은 한 마디도 안했는데…."
아시야(GM)	"아아, 스즈나리가 너희들에게 전해달라더구나. 나는 '직접 말하는 게 좋아.'라고 했다만. 왠지 기운이 없어보여서…."
오토야	"작곡할 수 없다는 게 무슨 말이에요?"
알칼리	"오토야 군, **표정이 무서워~** 주먹밥 먹을래?"
오토야	"좀 조용히 해줘. 선생님, 곡이 없다니…."
루이	"오토야, 진정해. 그 녀석도 뭔가 사정이 있을지도 모르잖아."
오토야	"아니, 우리 친구잖아. 아무 말도 안하고 도망치다니."
마구로	**하지만 【인연】은 제로.**
루이	어쩔 수 없지.
알칼리	"오토야 군. 가쓰오부시 주먹밥 또 있는데."
오토야	"나중에 받을게. 선생님, 어떻게 된 거에요?"
아시야(GM)	"아무튼 곡을 쓸 수 없다고 전해달라고만 얘기하더군. 그래서 전해줬다. 너희 사정은 잘 모르겠지만 말이다."

표정이 무서워~
이렇게 될 줄 알았으니까 선생님에게 대신 말해달라고 한 걸지도 모른다.

하지만 【인연】은 제로
만약 【인연】을 획득했다면 이 대화도 다르게 보였을 것이다.

오토야	선생님은 부활동에 잘 안나오니까.
GM	**관심도 없고.**
루이	직설적이라서 좋아.
GM	음악에 대해서는 자세히 모르지만 마구로에게 붙잡혔다.
루이	부활동 설립할 때 붙잡힌 패턴이군.
마구로	아시야가 **한가로워 보였으니까.**
루이	게다가 반말이야?
아시야(GM)	"아무튼 스즈나리와 만나면 얘기 나눠봐라. 이런 건 **어른이 적극적으로 개입하면 안 돼.**"
오토야	"그냥 도망치는 거잖아."
알칼리	"자자, 주먹…."
오토야	"필요 없어!"
GM	아시야 선생님은 오토야의 말에 쓴웃음을 짓습니다. 그래도 그렇게 다섯 명이서 와자지껄하게 떠들며 부실로 향하던 그 때, **부실이 불타고 있습니다.**
일동	뭐?

잠시 술렁거렸다.

루이	어이어이어이!

관심도 없고
좀 마이너한 부활동에서는 관심이나 경험이 있는 선생님이 고문을 맡아주는 것이 더 드문 일이다. 아시야는 좋든 나쁘든 생각한 대로 말하는 스타일이었다.

한가로워 보였으니까
한가로운 교사 같은 건 없다.

어른이 적극적으로 개입하면 안 돼
어른이 참견함으로써 학생의 자존심에 상처를 주거나 상황이 쓸데없이 복잡해지는 것을 아시야는 경험으로 배웠다. 현실의 고문 선생님은 몰라도 『스트라토 샤우트』에 나오는 어른은 이 정도 거리감이 적당할 것.

부실이 불타고 있습니다
GM이라는 인종은 의외로 선뜻 뭐든지 불태운다.

알칼리	잠깐, 잘 이해가 안되는데.
오토야	어, 이거 『인세인』이야?
마구로	내 드럼은?!
오토야	우리는 밴드를 하러 온 것 뿐인데 왜 부실이 불타고 있는 거야!
마구로	부모님한테 도게자해서 받은 드럼은?!
GM	**활활 불타고 있습니다.**
알칼리	**"화재 현장 같은 건 처음 봤어!"**
GM	아시야 선생님도 얼어 있습니다.
루이	"선생님, 소화기!"
아시야(GM)	"어, 어어어? 그래 소화기! 그렇지!"
마구로	"아니 이 정도 불이면 소방서부터지! 아시야, 전화!"
아시야(GM)	**"저, 전화, 전화, 소, 소방서가 몇 번이지?! 117?!"**
오토야	"그건 시보잖아! 119!"
마구로	"알칼리, 화재경보기의 버튼을 누르고 그대로 교무실에 알려! 루이와 오토야는 소화기를 찾아!"
알칼리	"오케이. 맡겨줘!" 척척척.
루이	"아, 알았어!"

『인세인』
모험기획국의 TRPG. 정식명칭은『멀티 장르 호러 TRPG 인세인』.(한국어판 발매중)
저: 카와시마 토이치로/모험기획국, 발행: 신기원사. 타이틀 그대로 도시전설이나 크툴루 신화 같은 여러 호러 장르를 다룰 수 있다. 건물은 항상 불타곤 한다.

활활 불타고 있습니다
상상 이상으로 당황하는 모습을 보여주는 플레이어들에게 GM의 가학심도 불타고 있었다.

화재 현장 같은 건 처음 봤어!
'이 중에 있는 범인이 할법한 대사' 같은 느낌이 굉장하다.

117
역주: 일본에서는 117에 전화를 걸면 표준시간을 알려줌

오토야	"가자 루이!"
GM	…자, 모두가 뛰어다니고 돌아왔을 때에는 이미 주변은 구경꾼들로 가득합니다. 잠시 후에 소방차가 와서 진화했습니다만….
오토야	했습니다만?
GM	부실은 완전히 잿더미입니다.
일동	(웃고 있다)
알칼리	피해를 입혼 건 경음부 뿐?
GM	네. 컨테이너였기 때문에 교사 등지에는 피해가 없습니다.
루이	"근데 왜 불이 난 거지? 불날만한 게 있었어?"
GM	소방관들이 말하길 "학교니까 **이런 곳에서 흡연할만한 사람도 없을 거고**, 교내에서의 위치를 생각하면 방화도 생각하기 어렵고… 아마도 자연 발화겠지요."라고.
오토야	자연 발화!
GM	"자세한 건 지금부터 조사할 겁니다만…." 같은 느낌. 뭐, 말하자면 사고처럼 보인다는 겁니다.
마구로	앰프가 쇼트나서인가?
GM	창가에 페트병 같은 걸 두면 **돋보기 효과로 인한 화재**가 일어나기도 하죠.

(웃고 있다)
플레이어는 "부실에서 연습해서, 점점 잘하게 되고…" 같은 전개를 상상했는지 갑작스러운 부실 전소에 할 말을 잃고 있었다.

이런 곳에서 흡연할만한 사람도 없을 거고
멤버 중에 행실이 나쁜 캐릭터가 있다면 그런 혐의를 푸는 서브 시나리오도 만들 수 있을 것이다.

돋보기 효과로 인한 화재
볼록렌즈를 통과한 햇빛이 한 곳에 모여 열원이 되어 발생하는 화재. 돋보기로 태양광을 모으는 것과 같은 원리. 겨울철에 발생하기 쉽다. 햇볕이 드는 창가에 페트병을 두거나 창문에 빨판을 붙여두거나 하지 말자.

알칼리	페트병 같은 걸 뒀던가?
마구로	뒀을지도.
루이	그럴지도 같은 말밖에 할 말이 없어. 실제로 불이 났으니까.
오토야	이거 어떻게 할 거야.
GM	**자 그럼 여러분**. 부실은 불타버렸습니다만 라이브는 해야 합니다. 부실에 화재가 났다고 해서 라이브를 **중지할 수는 없으니까요**.
오토야	아, 네.
GM	하지만… 연습 장소가 없어진 데다 멤버 중 몇 사람의 악기마저 잃게 됐을지도 모릅니다. 마구로는 드럼이 타버렸다고 했지요.
마구로	**그랬지.**
루이	확정해버렸네.
GM	이쯤에서 시나리오 시트를 공개하겠습니다.

GM이 새로운 시트를 꺼내서 테이블 정중앙에 놓는다. 과자는 치웠다.

GM	이 게임은 시나리오 시트라고 하는 것이 준비되어 있습니다. 여기에 시나리오의 전모가 써져 있습니다.
오토야	오, 보기 편한데.

자 그럼 여러분
솔직히 말하자면 화재의 원인은 시나리오상 중요하지 않다. 너무 시간을 끌면 추리하기 시작하므로 약간 강제로 화제를 바꾸기로 했다.

중지할 수는 없으니까요
보통은 중지할 것이다. 하지만 선라이트 샤우트는 다음이 첫 라이브인 것이다.

그랬지
아차.

44

GM	『스트라토 샤우트』에는 메인 시나리오와 서브 시나리오라는 두 개의 스토리가 있고, 각각 동시에 진행됩니다. 메인 시나리오는 소마 군의 마음을 알아가는 스토리. 서브 시나리오는 소실돼버린 연습 장소를 확보하는 스토리입니다. 자기 차례가 된 플레이어는 이 중에 어느 한쪽을 골라서 한 걸음씩 해결해나갑니다.
오토야	어느 쪽을 우선하는 게 좋나요?
GM	어렵네요. 힌트가 될지는 모르겠지만, 메인 시나리오를 진행하면 최종보스가 약해집니다. 서브 시나리오를 진행하면 여러분이 강해집니다.
루이	흠. 이거 참 양쪽 다 중요하네.
GM	때로는 한쪽을 해결하는 걸 포기해야할 필요가 있을지도 모릅니다.
마구로	아시야는 그렇게 중요한 캐릭터는 아닌가.
GM	네. 조연 정도의 위치입니다. 플레이어의 필요에 따라 행동을 연출해도 됩니다.
마구로	예를 들면 싫은 녀석을 한 방 때리고 싶은데 자기 캐릭터는 그런 건 안하니까 대신 때리게 한다 같은, 그런 거?
GM	…그런 겁니다. **좀 더 사랑해주길 바랍니다만.**

좀 더 사랑해주길 바랍니다만
NPC에게 애정을 쏟는 스타일의 게임마스터였다.

알칼리	판정에 성공하면 어디선가 나타나서 도와준다거나.
GM	아아, 그렇게 쓰는 것도 괜찮네요. 실패하면 오지 않는 식으로.
마구로	그렇구만.
GM	그리고… 시나리오 시트 말고 한 장 더. 이번 라이브에서 연주할 악곡이 정해져 있습니다.
알칼리	뭐야뭐야.
오토야	**세트리스트**가 있다는 거에요?
GM	아니, 곡만 있는 겁니다. 여러분이 연습한 거요.
루이	헤에.

GM이 꺼낸 종이에는 **노래 가사가 적혀 있다.**

GM	**ONE OK ROCK**이라는 밴드의 「완전감각 Dreamer」라는 가사입니다.
마구로	원오크인가!
오토야	좋네좋아!
뻐꾸기시계	뻐꾹.
오토야	뻐꾹. **뻐꾸기시계도 흥분하고 있어.**
GM	이걸 여러분이 연주하게 됩니다.

세트리스트
밴드가 라이브 스테이지에서 연주하는 곡의 순서 및 그 순서를 적어둔 목록.

노래 가사가 적혀 있다
자기가 좋아하는 노래를 써서 게임을 할 수 있다. 이것이야말로 GM이 『스트라토 샤우트』에서 할 수 있는 가장 큰 특권이다.

ONE OK ROCK
일본을 대표하는 록밴드 중 하나. '원 오크 록'이라고 읽는다. 약칭 '원오크'. 활동개시는 2005년. 대표곡은 「완전감각 Dreamer」, 「The Beginning」 등.

뻐꾸기시계도 흥분하고 있어
왠지 노래 가사같다. 기분 탓인가.

완전감각 Dreamer

노래: ONE OK ROCK 작사: TAKA 작곡: TAKA

A 파트 / 제 1 라운드

So now my time is up
Your game starts, my heart moving?
Past time has no meaning for us,
it's not enough!
Will we make it better or just stand
here longer
Say it "we can't end here 'till we can
get it enough!!"

절대적 근거는 거짓 투성이
언제나 있는 것은 바로 나의
자신감이나 불안을 뒤섞은
약해보이면서도 강한 나!!

This is my own judgment!!
Got nothing to say!!
혹시라도 다른 말이 떠오르면 바로바로 말해!!
「완전감각 Dreamer」가 내 이름이야
Well, say it? well, say it!!
있다면 그대로 듣지만 지금은 Hold on!

B 파트 / 제 2 라운드

Yeah when I'm caught in fire
When I rise up higher
Do you see me out there waiting for
the next chance we get
Will we make it, IT'S NOT ENOUGH or
just stand here longer
Say it "We can't end here till we can
get it enough!!"

확신범? 지능범? NO NO NO!!
언제나 그 자릴 모면하려는

지론이나 이론을 대충 섞어서
자유로움 유니크함도 없이

This is my own judgment!!
Got nothing to say!!
혹시라도 다른 말이 떠오르면 바로바로 말해!!
「완전감각 Dreamer」가 내 이름이야
Well, say it? well, say it!!
You know I've got to be
NUMBER ONE!!

C 파트 / 제 3 라운드

어떤데? 예상외?
당황하고 까발려져서
후퇴?해서 퇴각?
은 yeah

완전감각 Dreamer스러운 공상!!
누가 무슨 소리를 하던 말던 무슨 상관이야!!

어떻게 해도 언제고 변하지 않아
벽이랑 어둠을 이제부터 부숴가는 거야

완전감각 Dreamer

When I'm caught in fire
When I rise up higher
Do you see me out there
I can't get enough! Can't get enough!!

루이	원오크에 키보드가 있던가?
GM	악기점에 가면 어레인지한 악보도 있고, 자작으로 만들어도 괜찮습니다. 알칼리라면 느낌으로 칠 수 있을 것 같습니다만.
알칼리	소마 군이 악보 만들어주지 않을까.
마구로	아아, 그렇겠지. 작곡할 수 있다면 어레인지도 가능할 터.
GM	가사 시트의 사용법은 이따가. 『스트라토 샤우트』 세션에서는 테이블 중앙에 시나리오 시트와 가사 시트를 놓고 진행합니다.
오토야	두근거리기 시작했어.
GM	두근거리는 김에 이것도.

플레이어들에게 내밀었다
막대 형태의 초콜릿 스낵 과자를 '뽑아가'라는 듯한 이미지.

 GM은 형광펜 세트를 꺼내서 '뽑아가'라고 **플레이어들에게 내밀었다.**

GM	원하는 색을 골라주세요. 이것도 사용법은 나중에.
오토야	그럼 나는 빨강!

 이어서 알칼리가 파란색, 루이가 보라색, 마구로가 초록색을 가져갔다.

마구로	검정이 있으면 좋았을 텐데. 마구로(真黑)니까.
오토야	검은색 형광펜이 있어?
알칼리	빛나지 않으면 '형광'이 아니잖아.

드라마 페이즈

1 우리 사이는 좋네

GM	그럼 지금부터 본편 드라마 페이즈를 시작합니다.
일동	짝짝짝.
오토야	이미 1세션 정도 끝낸 기분인데.
알칼리	많은 일들이 있었지. 부실도 타버렸고.
GM	여기서 끝내면 배드엔딩이잖아요. 선라이트 샤우트의 멤버들은 악기를 되찾고, 연습 장소를 확보하고, 라이브를 성공시킬 수 있을 것인가. 그리고 소마의 등을 밀어줄 수 있을 것인가… 아, 잊고 있었네. **핸드아웃**입니다.

핸드아웃
TRPG에서 사용하는 작은 종이 자료. 특히 『스트라토 샤우트』에서는 이야기의 핵심에 이르는 중요한 정보나 비밀을 적은 종이를 가리킨다.

GM이 시나리오 시트 위에 양면으로 접은 종이를 놓았다.

앞에는 이렇게 써있다.

굴레 1

키워드: 작곡활동

지정 특기: 《기대/정서10》《노래하다/행동7》

마구로	이건?

GM	소마가 품은 굴레입니다. 뒤에는 고민이나 불안의 정체가 써져 있습니다.
루이	역시 작곡에 대해 고민하는 것 같은데.
GM	이 시나리오에서는 굴레가 전부 3개. 넘버 1, 2, 3가 있습니다. 지금은 1이 출현 상태. 뒤를 보면 공개 상태가 됩니다. 모두 공개 상태가 되면 전모를 알 수 있게 되겠네요.
루이	그렇군.
알칼리	전부 알고 싶네.
마구로	가능하면 본인의 입으로 말야.
GM	이어서 장면과 사이클에 대해서 설명하겠습니다. 지금부터 여러분은 1번씩 차례가 돌아옵니다. 순서는 자유입니다. 모두가 1번씩 차례를 마치면 한 사이클이 지납니다. 이 게임은 **기본 2사이클**이기 때문에, 2번씩 차례가 돌게 되겠네요.
마구로	2번씩 도는군.
GM	자기 차례가 된 사람은 자기 PC를 주인공으로서 장면을 연출하면 됩니다. 장면은 3종류. 소마의 마음에 다가가는 과정을 표현한「접근 장면」. 밴드의 문제들을 해결하는「분주 장면」. 그리고 연주를 연습하는「연습 장면」이 있습니다.

기본 2사이클
기본적으로는 2사이클이지만 GM이 특수 규칙을 만드는 경우에는 꼭 그렇지 않을 수도 있다는 뉘앙스.

스트라토 샤우트

알칼리	접근 장면이 메인 시나리오 진행, 분주 장면이 서브 시나리오 진행이라고 이해해도 OK?
GM	그 말대로입니다.

기억할 게 많네
게임인 이상 반드시 파악해야 할 규칙이 존재한다. 물론 처음에는 '그냥'해도 된다. 모든 규칙을 샅샅이 기억할 필요는 없다.

마구로	**기억할 게 많네.**
루이	처음은 이런 식이야. 익숙해지면 설명 없이도 할 수 있게 되니까.
GM	그리고 하나를 할 수 있게 되면 다른 TRPG도 쉽게 익힐 수 있게 됩니다.
마구로	그렇구만. 좋은 기회인가.
GM	그러면 첫 장면은 누구부터 할까요.
알칼리	그럼 나부터 할까. 분주 장면.
GM	네네. 서브 시나리오에는 스텝이 설정되어 있습니다.

게임마스터가 시나리오 시트를 가리킨다. 거기에는 이렇게 써있다.

A 악기 확보
A 연습 장소 찾기
B 새로운 환경에서 연주
EX 구부실에 잠입

GM	A 장면을 모두 연출하면 B 장면을 연출할 수 있게 됩니다. B가 끝나면 EX입니다. EX

	는 딤으로, B까지 끝나면 서브 시나리오는 완료입니다.
알칼리	A는 원하는 순서로 해도 된다는 걸까. 그럼 'A 연습 장소 찾기'를 할래.
GM	알겠습니다. 그럼 장면 전개 표를 굴리겠습니다. **D66**을 굴려주세요.
알칼리	(주사위 굴림) 56.
GM	56은….

장면 전개 표 56번 「직감」.

스텝을 해결하는 데 결정적인 직감을 얻습니다. 【컨디션】+3점.

GM	…입니다.
알칼리	흐음. 이 장면에서는 이런 일이 벌어진다는 거네.
GM	네. 우선 여기에 지시된 대로 【컨디션】을 +3 해주세요.
알칼리	슥슥.
GM	【컨디션】은 판정 직전에 사용합니다. 소비하면 소비한 【컨디션】만큼 달성치가 **더해집니다**.
알칼리	음. 마지막 라이브를 위해 남겨두고 싶네.
GM	추천은 그렇지만 중요한 장면에서 보험으로서 쓰는 경우도 있겠지요.

D66
주사위를 2개 굴리고 작은 눈을 10의 자리, 큰 눈을 1의 자리로 보고 읽는 방식. 3과 5가 나오면 35. 2와 2면 22. 주로 표에서 사용한다.

【컨디션】
이 뒤에 설명한 것처럼 소비하면 판정이 약간 성공하기 쉬워진다. 소비량을 늘리면 주사위를 다시 굴릴 수도 있지만, 가진 【컨디션】이 적으면 허공에 날리게 되기도 한다.

달성치
판정에서 주사위로 넘어야할 수치인 '목표치'에 대해 실제로 나온 수치를 '달성치'라고 한다. 달성치가 목표치 이상이면 판정 성공이다.

더해집니다
2D6에서 5가 나왔다 치면 【컨디션】을 1점 소비했을 때 달성치는 6이 된다. 단, 주사위에서 2가 나와버리면 【컨디션】을 얼마나 소비했든 간에 판정이 실패하는 예외(펌블)가 있다는 점에 주의.

루이	그래서 알칼리는 무슨 직감을 얻은 거야?
알칼리	…내 집, 쓸 수 있지 않을까.
오토야	그러네!
알칼리	중학교 시절에 피아노 콩쿨에서 입상했을 정도면 연습할 수 있는 환경이 갖춰져 있어도 이상하지 않지?
루이	완벽하게 해결했군.
마구로	**컨테이너 하우스보다 훨씬 그레이트업 했잖아.**
GM	그럼 장면을 연출해볼까요. 우선 장면에서 연출할 PC를 정합니다. 장면 플레이어 외에 1명 이상이 필요합니다.
알칼리	모두 나올래?
오토야	그것도 좋겠지만, 장소 찾기는 둘로 나뉘어서 찾는 게 어때?
알칼리	그럼 루이, 오토야 팀과 알칼리, 마구로 팀으로 나뉘어서 찾은 걸로 하자.
GM	시리어스팀과 코미컬팀.
루이	그렇네.
오토야	"그럼 우리는 연습 스튜디오를 하나하나 연락 돌려볼게."
루이	"이용료도 잘 교섭해야 돼. 몇 번이고 연습하면 돈이 꽤 드니까."

컨테이너 하우스보다 훨씬 그레이트업 했잖아
일반적인 가정집은 끽해야 거실에 피아노가 있는 정도일 테지만… 문제 해결을 위한 최단거리로 향하니 누구도 의문을 품지 않은 채로 어느샌가 알칼리의 집은 부잣집이 됐다. TRPG이기 때문에 가능한 전개다.

알칼리	"알았어! **우리는… 열심히 할게!**"
마구로	"그래. 열심히 하자고."
알칼리	"응!"
오토야	아무 생각도 없어.
루이	아무 것도 생각하지 않았네.
GM	그러면 "우리가 어떻게든 해야겠어." 같은 표정으로 오토야와 루이가 떠나고.
오토야	남은 알칼리가 똑하고….
알칼리	"우리집, 쓸 수 있을지도."
루이	(웃으며) 빨리 떠올리라고!
오토야	완전 헛걸음했어. 우리.
알칼리	"마구로 군. 우리 집 쓸 수 있을지도. 같이 보러 갈래?"
마구로	"그리고 보니 알칼리는 피아노를 쳤었지. 방음실이라도 있는 거야?"
알칼리	"있어~"
마구로	"가볼까."
GM	그러면 해결에 도움이 되었는지 판정해볼까요. 특기는 자유입니다.
알칼리	그럼… 자기 집이니까 《자신》으로 판정해야지.

우리는… 열심히 할게!
어떻게든 하고 싶다는 의
지는 있다.

스트라토 샤우트

달성치에 +1 드립니다
게임마스터는 플레이어가 좋은 롤플레이를 했다고 생각되면 판정에 보너스를 줄 수 있다.

GM	오, 딱이네요. 설정도 살리고… **달성치에 +1 드립니다.**
알칼리	야호~
GM	성공하면 알칼리의 집이 연습에 쓸 수 있다는 흐름이 됩니다.
오토야	실패하면 실은 방음이 아니었다는 루트일까.
알칼리	계속 모르고 쳤어? 이웃에 민폐네.
루이	그건가. **알칼리 집도 불타는 루트.**
마구로	죽일 셈인가. 나랑 알칼리도 있다고.
알칼리	(웃으며) **펌블이 나오면 생각해볼게.** (주사위 굴림) 성공!
GM	오, 쓸 수 있었네요.
알칼리	마구로 군도 함께 우리집에 가자.
마구로	"알칼리네 집, 크네."
알칼리	"그런가?"
마구로	"화이트 하우스?"
알칼리	"응."
마구로	"진짜냐. 나 **화이트 하우스는 처음봤어.**"
오토야	아무도 지적을 안하네.
루이	이 녀석들 화이트 하우스를 뭐라고 생각하는 거야.

알칼리 집도 불타는 루트
이만큼 짧은 기간에 두 곳이나 불이 나면 자연 발화라고는 생각하기 어렵다. 이야기가 서스펜스 장르로 가버릴 테지.

펌블이 나오면 생각해볼게
펌블은 판정 주사위에서 2가 나왔을 때 발생하는 특수한 눈이다. 다시 굴리지 않는 한 반드시 실패로 취급한다. 1/36의 확률로 집에 불이 날지도 모르는 공포의 굴림.

응
화이트 하우스는 아니다.

화이트 하우스는 처음봤어
화이트 하우스는 아니다.

GM	그런 대화를 나누며 두 사람이 들어가면….
루이	슈퍼 방음실.
마구로	"구멍들 엄청 많잖아. 이거 **음악실에 있는 그거지?**"
알칼리	"정말로? 그럼 이걸로 연습 장소는 확보했네. 다행이다!"
마구로	"잘됐네."
루이	빨리 연락!
오토야	연락하라고!
GM	헛걸음팀이 시끄러운데요.
마구로	"이야, 만족스럽네. 잠깐 쳐보고 갈래?"
알칼리	"좋아."
루이	이 녀석들… (웃음)
오토야	우리들, 팀을 잘못 나눈 거 아냐?
루이	루이는 여기저기 전화를 걸어보고 있어. "죄송한데 부탁드릴 수 없을까요…."

스튜디오 직원(GM) "그 가격으로는 좀 어렵겠어."

루이	어떻게든 안 될까요...
알칼리	루이는 전화 중이니까 오토야에게 전화해야지. "오토야 군."
오토야	"알칼리? 그쪽은 어떻게 됐어?"
알칼리	"우리집에서 연습해도 될 것 같아."

음악실에 있는 그거지?
음악실의 벽은 동그란 구멍들이 잔뜩 있다. 학생들은 떡 지우개(역주: 원문은 練り消し. 한국에서는 주로 미술용으로 쓰이지만 일본에서는 장난감으로도 많이 판다)로 메우기도 한다.

오토야	"너네집?"
알칼리	"응. 항상 피아노 치니까 소리내도 괜찮아."
오토야	"진짜? 어이 루이, 됐어!"
루이	**"돈은 나중에 알바해서 갚을 테니!"**
GM	루이는 아까부터 계속 전화하고 있다.
마구로	"여보세요, 오토야?"
오토야	"마구로냐."
마구로	"여기 구멍이 엄청 많아. 괜찮을 것 같은데."
오토야	"구멍? 아아, 방음설비인가. 어이 루이. 연습 장소 찾았어!"
루이	"죄송합니다… 어, 뭐?"
오토야	"알칼리네 집에서 할 수 있대." 스피커로 전환하지.
루이	"빨리 좀 말하라고!"
알칼리	"집 뿐인데?"
루이	"시끄러!"
오토야	"아 정말… 이쪽은 이곳저곳 전화 돌리느라 고생했는데."
루이	"자기 집이면 가장 먼저 떠오를 거 아냐!"

돈은 나중에 알바해서 갚을 테니!
고등학생이 최대한으로 할 수 있는 눈물겨운 노력.

알칼리	"그럼 우리집에서 안 할거야?"
오토야	"아니아니! 진짜 고마워! 응? 거기서 할테니까!"
알칼리	"알았어~" 이걸로 장소는 된 걸까.
오토야	그렇군. 고마워.
알칼리	별 말씀을~
루이	보고는 좀 더 빨리 해줬으면 좋겠어.
알칼리	"마구로 군. 오토야 군에게 연락했어!"
마구로	"수고했어."
알칼리	"주먹밥 먹을래?"
마구로	"그럴까."
GM	이걸로 스텝 '연습 장소 찾기'는 클리어네요.

GM이 시나리오 시트의 'A 연습 장소 찾기'에 체크 표시를 한다.

서브 시나리오 스텝 중 2개가 남았다.

GM	이런 식으로 스텝을 클리어해서 서브 시나리오를 해결해주시면 됩니다.
오토야	과연. 대충 흐름을 알겠어.
GM	그리고 장면 플레이어는 신 등장인물에 대한 【인연】을 획득할 수 있습니다.
알칼리	오. 그럼 마구로로 할까.

그럼 우리집에서 안 할거야?
순간 알칼리의 얼굴에 그늘이 드리웠다.

마구로	지금 같은 느낌이면 그렇겠네.

알칼리는 마구로에 대한 【인연】을 1점 획득했다.
속성은 표에서 결정한 결과 「호적수」가 되었다.

GM	호적수입니까.
알칼리	마구로 군도 주먹밥 좋아하는 건가. 지지 않을 거야.
루이	그 부분이야?
알칼리	"무슨 주먹밥 먹어?"
마구로	"참치마요."
알칼리	**참치마요… 라고…!**
오토야	도대체 어디에 놀랄만한 요소가?
마구로	알칼리는 알 수가 없네.
알칼리	"참치마요도 좋지. **나는 가쓰오부시가 제일 좋지만.**"
마구로	"가쓰오부시도 맛있지."
알칼리	"제일 좋아하는 맛은 다르지만 우리 사이는 좋네."
루이	그 대사는 대체 뭐야.
오토야	알칼리가 점점 **주먹밥 싸패**가 되어가는데….
GM	자, 그럼 여기서 기대하셨던 가사 시트입니다.
오토야	아 그렇지. 가사. 어떻게 쓰는 거야?

참치마요… 라고…!
다시 한 번 알칼리의 얼굴에 그늘이 드리웠다.

나는 가쓰오부시가 제일 좋지만
같은 아이돌 그룹을 좋아하는 점에서는 같은 팬이지만 내 최애가 가장 귀엽다고! 같은 느낌으로.

주먹밥 싸패
가방에 항상 주먹밥. 가득 담은 주먹밥. 365일 주먹밥. 주먹밥을 좋아하는 사람에게 주먹밥. 주먹밥을 싫어하는 사람에게도 주먹밥.

GM	지금 했던 일련의 장면… 알칼리가 연습 장소를 찾고 주먹밥을 먹을 때까지죠? 이 장면에 따른 가사를 이 중에서 골라서 형광펜으로 마킹해주세요.
오토야	오오?!
루이	과연. 우리들의 **장면과 가사가 링크한다**는 거네.
GM	네. 그렇게 해서 이 노래가 점점 여러분의 것이 되어갈 겁니다.
마구로	쩌는데.
알칼리	음… 가사에 영어가 많네.
GM	안심하세요. **번역한 버전**도 준비했습니다. 의역이 꽤 많습니다만.
마구로	고맙구만.
알칼리	(가사 시트를 보면서) "혹시라도 다른 말이 떠오르면 바로바로 말해." 로 할게.
일동	(웃는다)
루이	그러네. **다음은 진짜 바로바로 말해주라.**
GM	그 다음에는 지금 마킹한 가사… 【프레이즈】라고 합니다만, 【프레이즈】의 지정 특기를 정합니다.
알칼리	흠.

장면과 가사가 링크한다
이번에는 장면에 맞춰 가사를 골랐지만 가사에 맞춰 장면을 연출해도 된다. 익숙해지면 이쪽도 도전해보자.

번역한 버전
영어가 많은 가사를 사용하는 경우에는 준비하면 좋을 것이다.

다음은 진짜 바로바로 말해주라
신속한 보고, 연락, 상담이야말로 조직을 제대로 돌아가게 하는 요령이다.

【프레이즈】
라이브 신에서 다시 설명하겠지만 플레이 중 행동을 강력하게 만드는 효과가 있다.

GM	【프레이즈】는 조건부 필살 아이템 같은 거라서 판정에 성공해야 쓸 수 있습니다. 그 판정에 사용할 특기를 정하는 겁니다.
루이	어떻게 정하는데?
GM	가사 내용에 맞춰 게임마스터가 몇 가지 제안하고, 플레이어와 상의해서 정합니다. 플레이어도 아이디어가 있으면 얘기해도 됩니다.
마구로	의외로 너그럽네.
GM	네. 이번 【프레이즈】는 《입》이나 《외치다》 정도일까요.
알칼리	그럼 《외치다》로 할게. 좀 멀지만.
GM	뭐, 어떻게든 될 겁니다. 【컨디션】도 있고요.
알칼리	그렇구나. 그러네.

2 사과받고 싶은 게 아냐

오토야	다음에는 내가 할게. **소마와 만나고 싶어.**
루이	원만하게 부탁해.
오토야	**상대가 하기 나름이겠지?** 접근 장면, 이었던가. 이건 어떻게 하는 장면이야?

소마와 만나고 싶어
오토야 뒤에서 불꽃이 활활 타오르고 있다.

상대가 하기 나름이겠지?
그리고 판정의 결과 나름일까

GM	그의 마음에 접근하는 것으로 어떤 굴레를 품고 있는지 알아내는 장면입니다. 알아내는 방법은 자유입니다. "본인에게서 들었다."라고 해도 되고, "소문으로 들었다.", "왠지 알아챘다." 같은 것도 됩니다.
오토야	정면에서 빵하고 물어보러 갈래.
GM	그렇군요. 접근 장면 표라는 것도 있습니다만 쓰실래요?
오토야	쓸래. (주사위 굴림) 7.
GM	"모든 것이 붉게 물들어가는 해질녘. 학생들은 학업에서 해방되어 자유로이 얼마 남지 않은 하루를 보내고 있다."… 같은 장면입니다. 방과후네요.
오토야	하교 시간을 알리는 종이 울리든 말든 교실을 뛰쳐나갈게. 소마에게 물어봐야 해결될 테니까.
루이	나도 살며시 뒤를 따라가지. 오토야 혼자 가는 건 불안하니까.
오토야	근데 생각해보니 난 그 녀석 반도 모르는데.
GM	그러고 보니 초기 【인연】 판정에 실패했었죠.
오토야	어딨는지는 모르겠으니 학교를 싹 다 돌아볼게. "소마!"

GM	그러면 복도에서 나온 힘없어 보이는 소마를 발견한 걸로 하죠.
오토야	"소마!"
소마(GM)	"아, 우왓, 오토야 군."
오토야	"너, 아시야 선생님한테 들었어. 곡을 못 쓴다며."
소마(GM)	"미, 미안…."
오토야	"사과받고 싶은 게 아냐. 어째서 못 쓰는지 물어보려고 온 거야."
소마(GM)	"그, 저기…."
루이	루이는 상황을 살펴보며 전전긍긍하고 있어. 말려야 할까….
GM	그럼 이대로 판정해보죠. 좋은 분위기였으므로 달성치에 +1 드립니다.
오토야	좋았어. 지정 특기는 《노래하다》고, 가진 특기는 《외치다》니까 6 이상이면 성공.
루이	+1이니까 주사위로 5 이상 나오면 되네.
오토야	(주사위 굴림) 아, 부족해!
알칼리	GM, 주사위 다시 굴리는 규칙 없어?
GM	음. **지금은 없네요.**
오토야	안되나… **무섭게 했을지도.**
일동	(웃는다)

지금은 없네요
다시 굴릴 수단은 작전 「로직」이나 【컨디션】 사용 뿐. 하지만 지금은 둘 다 쓸 수 없다.

무섭게 했을지도
플레이어가 풀이 죽었다. 오토야는 플레이어와 캐릭터의 갭이 가장 커서 재밌다.

루이	소마는 쭉쭉 오는 게 어려운 모양이니까.
마구로	그런 기세로 오라고 하면 나라도 쫄지.
루이	그럼 루이가 말리러 들어가. "어이 오토야, 진정해!"
오토야	"진정할 수 있겠어! 우리 라이브가 걸려있다고!"
GM	소마는 "미, 미안!" 하고서 도망쳐버립니다.
오토야	"아! 어이, 소마! 기다려!"
루이	"그만두라니까. 이 이상 하면 겁먹을 뿐이야!"라고 말하면서 뒤에서 두 팔로 못 가게 막고.
오토야	"놓으라고!" … 같은 느낌으로 소란스럽게 끝낼까.
알칼리	청춘이네~.
GM	판정은 실패했기 때문에 굴레는 공개되지 않습니다. 그리고 【디스코드】를 1점 획득합니다.
알칼리	【디스코드】… 불협화음이라는 의미였던가.
GM	그렇습니다. PC의 텐션을 낮추는 요인을 나타냅니다.
루이	너무 모으지 않는 편이 좋겠네?

GM	기본적으로는 마이너스 요소지만 나중에 **플러스로 만들 기회**가 있습니다.
오토야	오. 빅찬스네.
GM	그리고 타깃에 대한 【인연】을 획득합니다.
알칼리	판정에 실패해도 받을 수 있구나.
오토야	상냥한 시스템이야.

오토야는 소마에 대한 【인연】을 「필요」로 1점 획득.

【프레이즈는】 "Well, say it? Well, say it!!"에 지정 특기 《외치다》로 획득했다.

GM	"하고 싶은 말이 있으면 말해!"라는 뜻입니다.
오토야	말 그대로네.
마구로	정확하게 꼭 들어맞네.
GM	여러 의미로 해석할 수 있으니까 가사가 많은 사람들에게 와닿는 걸지도 모르겠네요.

3 얘기를 들어줄 수 있는 사람은 누구지?

루이	방금 장면에서 이어서 내가 해도 될까요.
알칼리	아주 좋아.
루이	"오토야, 여기서 기다려줘. 내가 소마에게 물어볼게."

플러스로 만들 기회
두드러지는 불협화음은 들으면 불쾌한 느낌이지만 잘 쓰면 멋진 코드 진행을 만들어낼 수 있다. 【디스코드】도 그런 성질을 가진 데이터이다. 자세한 것은 라이브 페이지에 앞서 설명한다.

오토야	"왜. 나도 같이 가."
루이	"그렇게 흥분한 상태로 제대로 얘기할 수 있을 리 없잖아."
오토야	"…알았어."
루이	"좋아. 그럼 다녀올게."
오토야	오토야는 근질거리지만 플레이어는 굉장한 감성을 느껴.
마구로	진짜 좋네. 역시 친구라면 이래야지.
GM	지금까지 강력한 행동을 보이지 않았던 루이가 드디어.
알칼리	훌륭하게 자랐네….
루이	할머니야?
GM	장면 표는 어떻게 할래요? 아까 오토야가 쓴 것과 다른 장면 표도 쓸 수 있습니다.
루이	그럼 그걸로. (주사위 굴림) 5.
GM	5는… "타깃을 잘 아는 인물과 우연히 만난다. 캐묻는 건 좋지 않을 수도 있겠지만 뭔가 들을 수 있을지도 모른다."
오토야	'타깃을 잘 아는 인물'… 누굴까.
루이	나다.
GM	……! 과연.

루이	나는 자문자답한다. '어째서 알아채지 못했던 거지. 가장 가까이서 그 녀석의 얘기를 들어줄 수 있는 사람은 누구지? 바로 나잖아.'
일동	오오!
루이	루이는 소마를 쫓아서 달려갑니다.
GM	그럼 조금 달려가니 근처에서 지친 모습의 소마가 보입니다. 운동을 전혀 못합니다.
루이	"소마!"
소마(GM)	"루, 루이 군?!"
루이	"아까는 미안했어. 놀라게 했지."
소마(GM)	"아, 아니…."
루이	"그 녀석도 조바심이 난 거야. 이해해줘."
GM	"으, 응. 근데 나쁜 건 나니까…." 그 표정은 어둡습니다.
루이	"있잖아. 나한테 얘기해주지 않을래. 알고 싶어. 네가 무엇에 괴로워하는지."
GM	아~ 좋습니다!!
마구로	**GM이 고장났다**(웃음).
GM	실례했습니다. **허용량을 넘은 감성**을 섭취하는 바람에… 판정에 +1 드립니다.
루이	오, 고마워. 그럼 6 이상이면 성공이지. (주사위 굴림) 11!

GM이 고장났다
종종 있다.

허용량을 넘은 감성
GM은 가장 앞열의 특등석에서 무대를 볼 수 있는 관객이기도 하다. 감동적인 일격의 대미지는 한층 더 쎄다. 다음날, 검진을 받으러 갔더니 "오래 살고 싶으면 감성 섭취를 자제하세요."라고 의사 선생님한테 혼났다.

일동	오~!
알칼리	잘 나오네요.
GM	그럼 카드 뒷면을 봐주세요.
루이	이걸 읽으면 돼?
GM	부디.
루이	어디보자….

"소마는 인터넷에 자작곡을 다수 업로드하고 있었다. 닉네임은 'Bel'. 그 인기는 대단해서 TV 방송에도 다뤄질 정도였다는 듯하다. 하지만 그런 활동을 하던 어느 날. 그늘이 드리우고 말았다.

정체: 인터넷 유명인

지배력: 공개 시 5 / 미공개 시 10

효과:『프레셔』/ 타이밍: 상시 / 라운드 종료 후 전원의【컨디션】을 1점 감소시킨다."

마구로	많이 써있네.
GM	【지배력】만 설명하겠습니다. 이것은 굴레가 가진 생명력 같은 것입니다. 공개되어 있을 때는 5점, 그렇지 않을 때는 10점이라는 의미입니다.
알칼리	반으로 줄었네. 이건 공개해두는 게 좋겠어.
GM	자, 그런 정보를 알게 된 루이입니다만….

루이	새삼스레 소마가 이런 얘길 해줬다기보다 인터넷 활동으로 뭔가 있었던 거 아닌가 하고 눈치챘겠지. "너, 인터넷상에서 무슨 일이라도 있었던 거야? 작곡 했었잖아."
GM	명백하게 표정이 바뀝니다. 싫은 기억이 떠오르는 것 같은.
오토야	뭔가 트라우마가 있는 모양이네.
GM	소마는 "미안, 나… 볼 일이 있어서 먼저 돌아갈게."라고 잠긴 목소리로 떠나버립니다.
루이	"…아아, 또 만나러 올게. 얘기하고 싶어지면 말해줘. 뭐든지 들어줄 테니까."
GM	**아아아, 아주 좋네요!** 접근 판정에 성공했으므로【컨디션】3점 받으세요!
루이	오, 성공하면 꽤 받을 수 있네.
GM	그렇습니다. 분주 장면보다 안정적으로 얻을 수 있어요. 그리고 소마에 대한【인연】도 1점 오릅니다.
루이	2점이 됐다.
GM	이 타이밍에【인연】의 속성도 바꿀 수 있습니다만.
루이	아니, 아직「빛」으로 해두지. 아직 저 녀석을 제대로 도와주지 못했어.

아아아, 아주 좋네요!
이 이상 좋아지면 방에 불이 나버린다고!

알칼리　　주인공이잖아~.

【프레이즈】는 "자신감이나 불안을 뒤섞은 약해보이면서도 강한 나"로 획득.
　지정 특기는《불안》으로 했다.

루이	나라면 알아줄 수 있다는 자신감과 정말로 알아주지 못한 거 아닌가 하는 불안이 뒤섞여 있어.

GM　　좋은 선택입니다.

알칼리	코미컬팀도 점점 온도 차이가 나기 시작했네.

오토야　　같은 게임 하고 있는 거 맞아?

웃기면서도 감동적인 거죠
이야기라는 것은 완급 조절이 필요하다.

GM	**웃기면서도 감동적인 거죠**. 그리고 여기서 다음 굴레가 나타납니다.

마구로　　순서대로 나오는 건가.

GM	굴레 카드에는 각각 출현 조건이 있기 때문에 그것을 만족하면 나옵니다.

알칼리　　이번에는 공교롭게도 순서대로 나오고 있다는 거네.

GM	그렇습니다. 2번 카드는 이겁니다.

굴레2
키워드: TV
지정 특기:《폭력/역경4》《어둠/모티브2》

알칼리	지정 특기는 《폭력》과 《어둠》이라고 써져 있네요.
마구로	안 좋은 느낌이 드네.
오토야	굴레1에서 TV 방송에도 다뤄졌다고 적혀 있었지.
루이	그 녀석 대체 무슨 일이 있었던 거야….

4 미친 가족이네

마구로	제1 사이클 마지막은 난가.
루이	주먹밥팀이다.
알칼리	바보 같은 이름이 붙었어.
마구로	**주먹밥팀**의 마구로 군은 드럼이 불타버렸기 때문에 드럼을 찾으러 갔습니다.
오토야	**그림책 같아.**
마구로	분주 장면으로 가지. 스텝은 'A 악기 확보'.
GM	좋습니다. 장면 전개 표를 굴려주세요.
마구로	(주사위 굴림) 55.

주먹밥팀
팀 멤버가 모두 하얀 러닝 셔츠를 입을 것 같다.

그림책 같아
그림책 속 세계는 부실이나 드럼이 불타버리거나 하지 않는다.

  장면 전개 표 55번 「호전」.
  스텝이 좋은 방향으로 바뀌는 사건이 일어납니다. 【컨디션】+3점.

루이	밝은 거네. 이쪽 사이드.

오토야	진짜 그림책처럼 되가고 있어.
루이	나쁜 일이 일어날 것 같지가 않아.
마구로	악기가 타버린 일이 호전될 정도의 사건인가.
알칼리	**새로운 컨테이너 하우스가 세워진다**거나? 근데 악기는 상관 없나….
마구로	그건 아니지. 알칼리 집에 가보니 피아노밖에 없을 거라 생각했는데.
알칼리	사실은 음악하는 집안이라서 악기를 잔뜩 갖추고 있어.
오토야	그렇구나. 모처럼 집에 방음실도 있겠다, **가족이 전부 음악을 해도 이상하지 않겠네.**
마구로	그러네. 그럼 알칼리의 신에서 이어서 해볼까.
GM	과연. 등장 PC는 이어서 알칼리일까요.
알칼리	네~.
마구로	오토야에게 연락하고나서 주먹밥도 먹은 후에 아칼리의 부모님께 인사드리는 흐름이 되어가지고.
알칼리	"마구로 군, 간식이라도 먹을래?"
마구로	"진짜냐. 알칼리 집은 뭐든지 나오는구만."
알칼리	**"뭐든지 나오진 않아!"**

새로운 컨테이너 하우스가 세워진다
대응이 너무 빨라서 오히려 무섭다.

가족이 전부 음악을 해도 이상하지 않겠네
"이상하지 않다"라는 말을 면죄부로 써서 아마미가가 점점 호사스럽게 되어 간다.

뭐든지 나오진 않아!
기껏해야 화이트 하우스 정도다.

마구로	"새로운 드림이라도 나오는 거 아냐?"
알칼리	"나오면 좋겠네~."
마구로	"역시 말처럼 쉽게 되진 않겠지."
알칼리	"그렇네~."
마구로	"하하하."
알칼리	"아하하~."
루이	나오는 거겠지….
GM	판정에 따라서겠지만요.
마구로	그래서 알칼리한테 이끌려서 거실로 가보니….
알칼리	그곳에는 알칼리의 아빠가 있습니다.
마구로	알칼리 아빠는 어떤 이름?
알칼리	…이온.
일동	(웃는다)
오토야	**아마미 이온.**
마구로	알칼리의 이름은 **알칼리 아빠의 센스**였던 거구나.
이온(GM)	"알칼리 왔었구나."
알칼리	"응. 다녀왔어 아빠."
이온(GM)	"그쪽은 알칼리의 친구인가?"
마구로	"아, 안녕하세요. 시라베 마구로라고 합니다."

아마미 이온
글자만 보면 아마미 교수가 발견한 새로운 이온처럼 들린다.

알칼리 아빠의 센스
이런 느낌으로 애시드, 뉴트럴 같은 형제자매가 있어도 이상하지 않다.

75

스트라토 샤우트

좋은 이름이군
알칼리 아빠 기준으로 '좋은 이름'… 순순히 기뻐해도 되는 걸까?

이온(GM)	"마구로 군인가. **좋은 이름이군.**"
알칼리	"실은 경음악부 부실이 타버려서 대신할만한 곳을 찾고 있었어."
이온(GM)	"그랬구나. 그것참 큰일이었겠구나."
오토야	알칼리 아빠는 동요가 없네.
루이	"살다보면 그런 일도 있는 거지." 같은 말투인데.
오토야	분명 강할 걸.
알칼리	"그러니까 우리집의 방음실을 연습 장소로 써보면 어떨까 해서."
이온(GM)	"그래그래. 자유롭게 써라."
마구로	"정말로 감사합니다!"
알칼리	"근데 악기도 같이 타버려가지고…."
이온(GM)	"호오. 타버린 악기는 어떤 거야?"
마구로	"아, 제 드럼입니다."
GM	"드럼…? 자네는 드러머인가." 이온이 눈썹을 씰룩이더니….
알칼리	GM, **아직 판정 안했어요!**
GM	아, 그랬죠 참. 이 다음은 판정하고나서 하죠.
루이	대체 뭐가 벌어지고 있는 거야….

아직 판정 안했어요!
무심코 이야기를 완성시켜버려서 판정을 잊고 말았다. 가끔 있는 일이다.

오토야	눈썹을 씰룩이는 반응을 하는 사람은 **대개 보통내기가 아냐.**
GM	처음 듣는데….
마구로	(주사위 굴림) 성공!
알칼리	나와라, 새로운 드럼!
이온(GM)	"사실은, 나도 드러머였단다."
알칼리	"어? 아빠가?!"
이온(GM)	"그래. 꽤 옛날 일이지만…."
루이	역시 묘하게 관록이 있더라니만.
오토야	**전직 군인 같은 느낌.**
이온(GM)	"마구로 군. 손을 보여주지 않겠나."
마구로	"네? 아 네."
이온(GM)	"좋은 손이군. 이 쪽을 누르면 아프진 않나?"
마구로	아플까.
루이	아픈 걸로 하자고.
마구로	그럼 "아픈데요."
이온(GM)	"이제 막 시작해서 맹렬하게 특훈하고 있진 않은가?"
마구로	"어, 어떻게 그걸!"
이온(GM)	"아직 스틱 굳은살이 박이지 않았으니 악기 경험은 길지 않겠지. 그리고 초보자가

대개 보통내기가 아냐
손가락을 튕기면 검은 양복들이 밀려들거나, 뒤에 있는 문이 쿠구궁 하고 열리며 거대로봇이 튀어나오거나 한다.

전직 군인 같은 느낌
다른 사람의 아버지 설정을 어디까지 부풀릴 셈인가.

연습을 열심히 하면 손목에서 엄지손가락으로 이어지는 부분이 쉽게 아프게 되지."

마구로	진짜야?

GM 진짜로. 스틱은 엄지와 검지로 잡는데, 초보자는 엄지에 힘이 들어가게 돼서 엄지모음근 같은 근육에 쉽게 무리가 가게 돼요. 올바르게 힘을 빼고 칠 수 있게 되면 안 아프게 됩니다.

오토야	그러고보니 **GM도 드러머였지.**

이온(GM) "후후… 나한테도 이런 시절이 있었지. 그래. 자네라면 맡길 수 있을 것 같군. 따라오게."

루이	그리고 아마미가의 비밀방으로….

알칼리 "아빠, 이 방은 들어가면 안된다며!"

GM	"때가 됐다는 거지." 이온이 셔터를 비집어 열자 그곳에는 세월이 느껴지는 드럼세트가.

오토야 알칼리 아빠는 옛날에 뭘 했던 거야(웃음).

루이	총이 나와도 이상하지 않은 전개였어.

이온(GM) "마구로 군. 가져가게나."

마구로	"네?"

이온(GM) "좀 오래된 거지만 관리는 하고 있네. 아직 쓸 수 있을 거야."

GM도 드러머였지
이건 실제 지식을 연출에 사용하는 예시지만, 반대로 실제 지식이 연출을 제한한다면 무시해도 된다. "드럼 연습을 계속하면 조금씩 키가 줄어든다…." 같이 아무 말이나 해도 된다. 그 세계 사람에게는 진짜 큰일일지도 모르겠지만.

78

마구로	"정말 괜찮나요?"
이온(GM)	"지금 나에겐 필요 없는 거지. 이 드럼도 여기에 방치되는 것보다 젊은이가 써주는 편이 만족스러울 거야."
마구로	"알칼리 아버지…."
알칼리	주먹 인사하자. 주먹 인사.
GM	(웃으며) "그럼 이 아이, 잘 부탁하겠네(주먹을 내민다)."
마구로	"네! 맡겨주세요!(주먹을 맞댄다)." **남자의 약속.**

남자의 약속
분명 실내일 텐데 한순간 배경이 새빨간 저녁노을로 바뀌었다.

마구로는 알칼리에 대한 【인연】을 1점 획득. 속성은 「우정」으로 했다.

마구로	굳이 따지자면 알칼리 아빠에 대한 우정이겠지만.
GM	그런 느낌이었죠.

【프레이즈】는 마지막 사비(역주: 한일 양국에서 사용하는 은어. 코러스(후렴)를 뜻함)에 등장하는 "완전감각 Dreamer"로 획득.
지정 특기는 《꿈》이다.

마구로	알칼리 아빠도 완전히 감각적으로 살고 있었지.
GM	명백하게 완전감각 드리머였지요.

알칼리	내가 말하는 것도 좀 그렇지만 미친 가족이네.
일동	(웃음)
오토야	뭐랄까 **헐리우드 영화**에 나올 것 같아.
알칼리	알칼리는 이런 이상함을 언제 깨닫게 될까….
루이	평생 모를 것 같은데.

헐리우드 영화
알칼리 아빠와 함께 몇 번이고 화재나 총격전을 헤쳐온 역전의 드럼이었을지도 모른다.

5 무기는 너의 곡이니까.

GM	딱히 마스터 장면은 없습니다. 제2 사이클 시작합니다.
알칼리	뭔가 달라?
GM	아아, 【프레이즈】를 획득하는 게 조금 다릅니다. 가사 시트에 줄이 그어져 있지요?
루이	그러네. 가사가 세 부분으로 나눠져 있네. 신경쓰였어.
GM	이렇게 세 가지로 나눈 부분을 **파트**라고 합니다. 각각 A파트, B파트, C파트. 그래서 제1 사이클에서 획득한 파트와 다른 파트에서만 【프레이즈】를 획득할 수 있습니다.
마구로	네네. A파트에서 얻었으면 다음은 B나 C에서 골라야한다는 거군.
GM	그런 겁니다. 제1 사이클과 다른 점은 그 정도입니다.

파트
'○○이 부르는 파트'처럼 실제로 파트가 정해진 노래도 있지만 무시해도 된다. GM이 자유롭게 세 부분으로 나눠보자.

알칼리	오케이. 그럼 누구부터 시작할까.
오토야	나부터 할까. 재도전하고 싶어. 접근 장면.
GM	과연. 지정 특기는 《폭력》이나 《어둠》입니다만.
루이	오토야, 《폭력》은 멀지 않아?
오토야	《어둠》이면 바로 아래에 《무기》가 있으니까 할만해.
GM	장면 표 굴리실래요?
오토야	할게. (주사위 굴림) 9.
GM	…과연.
오토야	뭐야. 무서워.
GM	아니, 좋은 게 나왔네요. 장면 표 9번. "갑자기 당신에게 찾아온 사람이 있었다. 무언가 전하고 싶은 것이 있는 모양이다."
루이	오, **이번엔 그쪽이 와주는 건가.**
마구로	드디어 오는군.
오토야	루이가 곁에 있어줬으니까 그렇게 됐을지도.
알칼리	그러네. 루이가 데려온다면 납득될지도.
루이	"저 녀석도 나쁜 애는 아냐. 다시 한 번 우리한테 얘기해주지 않을래."라고.
GM	다른 날로 해볼까요. 오토야도 냉정해졌을 테니.

이번엔 그쪽이 와주는 건가
대본이 있는 것 같은 전개. 신 표는 곧잘 이런 기적이 일어나서 즐겁다.

루이	주먹밥팀은 됐고.
마구로	우린 제대로 판정 성공했는데?
알칼리	라이브를 위해서 노력하고 있는데.
GM	**기반은 다져줬네요.**
알칼리	**다져줬는데도** 주먹밥팀인 거지. 맛있으니까 어쩔 수 없겠지만.
마구로	맛있지.
GM	어… 그(웃음), 뭐였죠.
루이	내가 중개해서 오토야와 소마를 만나게 할게.
GM	그랬습니다.
오토야	오토야는 "괜찮아. 머리는 식혔어. 이제 만나게 해줘."라고 루이에게.
루이	"알았어. 믿을게." 오토야도 동료니까.
오토야	"또 흥분하면 때려서라도 말려줘."
루이	"…각오해둘게."
알칼리	도와줄까?
마구로	세 명이서 막아주지.
오토야	아니, 괜찮아. 《무기》로 판정한다.
마구로	뒤숭숭한 특기구만.
루이	무서워.

기반은 다져줬네요
주눅 드는 주먹밥팀을 필사적으로 커버치고 있다.

다져줬는데도
주먹밥 주먹밥은 너무 꽉 쥐지 않고 뭉실뭉실한 것이 맛있다. 하지만 뭉실뭉실함을 너무 신경쓰면 제대로 붙지 않아서 재료가 넘치고 만다. 어렵다. … 무슨 얘기였지.

알칼리	《무기》로 《폭력》을 판정하는 거네.
GM	그러면 그런 일촉즉발의 분위기에서 소마는 조금씩 말하기 시작합니다.
루이	핵심에 닿을지 어떨지는 판정으로 정하는 느낌인가.
소마(GM)	"곡은… 지금은 못 써."
오토야	"왜?"
소마(GM)	"……."
루이	"소마, 저번에 TV에 나왔지."
소마(GM)	"……! 그건…."
오토야	"그랬나…."
루이	"인터넷에서 활동 중인 고교생 작곡가라고 뉴스에서도 화제였지."
오토야	"무슨 욕이라도 들은 거야?"
루이	"그러니까…." 어떤데?
GM	아뇨. 딱히 그런 일은 없었습니다. 오히려 TV 방송 이후에 소마도 기뻐했지요.
루이	"그럼 왜…."
소마(GM)	"……."
오토야	"소마, 잠깐 괜찮을까."
소마(GM)	"어, 으, 응."

《무기》로 《폭력》을 판정
밴드물 TRPG라고는 생각할 수 없는 특기군이다.

오토야	"나는 노래가 좋아. 노래하고 싶어. 그건 나한테는 싸움 같은 거야."
소마(GM)	"……."
오토야	"하지만, 네가 없으면 나는 아무런 무장도 없어. **무기는 너의 곡이니까.**"
소마(GM)	"……!"
오토야	"알겠어? 난 너의 힘이 필요해."
GM	좋습니다. +1점 드리겠습니다.
오토야	됐다! (주사위 굴림) 나왔어, 성공!
루이	아슬아슬했네.
GM	그럼 뒷면을 봐주세요.
오토야	네네. 읽을게요.

무기는 너의 곡이니까
노래하고 싶은 것 뿐이라면 다른 곡이라도 부르라고, 같은 말은 할 수 없게 된다. '너의 곡'이 무기니까. '너의 곡'이 좋으니까. '너의 곡'으로 싸우고 싶어… 예리한 표현이다. 게다가 판정에 사용하는 특기인 《무기》를 착실하게 대사에 반영하는, 상당히 높은 수준의 플레이라고 할 수 있다.

"TV 방송 후에 SNS로 그에게 신랄한 코멘트들이 많이 달리게 됐다. '고교생이라는 이유만으로 화제가 됐을 뿐', '별로 대단한 실력도 아니네' 등등… 그런 통렬한 말투가 가득하다.

정체: 표독스러운 의견

지배력: 공개 시 6 / 미공개 시 12

효과:『전염』/ 타이밍: 상시 / 라운드 개시 시 PC 2명을 지정하여 이번 라운드 동안 【프레이즈】 사용을 금지한다."

알칼리	【프레이즈】는 프레이즈 버스트에 쓰는 거지?
루이	이건 위험하네.

GM	네. 꽤 강력합니다.
오토야	들을 수 있어서 다행이야. 【지배력】은 이제 6이지?
GM	네. 공개되지 않았다면 12입니다.
마구로	아직 【지배력】이 뭔지는 모르겠지만 공개돼서 다행이네.
GM	그러면… 그는 그런 사실을 직접 자기 입으로 말해줍니다만.
오토야	오토야는 "뭐야, 그런 거였나."라고 생각해. "타인의 의견 따위, 고작 타인의 의견이잖아. 난 너의 곡을 좋아하고, 안 좋아하면 이런 부탁도 안 해."
소마(GM)	"오토야 군은… 대단하네."
오토야	"별로 대단한 건 아냐. 평범하지."
알칼리	**가진 자와 못 가진 자다.**
GM	소마도 실력은 있지만… 자신감이 없습니다.
마구로	작곡 페이스가 빨랐던 것도 그런 불안 때문이었다거나.
오토야	"다시 한 번 생각해주지 않을래?"
소마(GM)	"으…."
오토야	"지금 당장 대답 안 해도 돼. 넌 너만의 속도가 있을 테니까."

가진 자와 못 가진 자다
'자신감'이라는 점에서는 오토야는 가진 자고, 한편으로 '작곡의 재능'이나 '평가' 같은 점에서는 소마가 가진 자라고 할 수 있다. 소마가 괴로워하는 것처럼, 오토야도 무언가 자신이 '가지지 못한' 것에 괴로워하고 있을지도 모른다.

소마(GM)	"……."
오토야	"기다릴 테니까."
루이	"…오토야."
오토야	"응?"
루이	"설마 이렇게 냉정하게 대화할 수 있을 줄 몰랐어."
오토야	"무슨 뜻이야?"
루이	"아, 아냐. 딱히 이상한 의미는 아니고."
오토야	"…나도 밴드는 그럭저럭 해봤어. 동료가 소중하다는 건 잘 알고 있으니까. 나를 위해서 곡을 써주는 사람이 얼마나 귀중한 것인지도."
루이	"그렇겠지. 미안."
오토야	"그리고 말야, 나 꽤나 여러 밴드를 전전했잖아? 그때마다 부딪히고, 빠지고."
루이	"아아, 그런 말 했었지."
오토야	"나와 소마는 반대야. 저 녀석은 항상 받아들여지다가 갑자기 내쳐졌어. 나는 항상 부딪히고 받아들여지지 않았지."
루이	"……!"
오토야	"어느 쪽이 행복하다고 말할 수는 없어. 아마도."

루이	"…그런가."
GM	진짜 주인공이네요.
오토야	명예회복해서 다행이야.
루이	하지만 이런 건 리더가 해야하는 일 아냐?
알칼리	리더는 아무 생각도 없으니까.
GM	리더는 쿵하고 준비하고서.
마구로	아버님과 주먹을 겨룬다.
루이	**작풍이 너무 다르잖아.**
이온(알칼리)	"가져가라. 네가 나의 꿈이다!"
마구로	"아버님!"
오토야	그런 소년만화 같은 전개였던가?

작풍이 너무 다르잖아
근육이나 땀을 제대로 그려넣는 스타일의 그림.

오토야는 【컨디션】을 3점 획득했다.

소마에 대한 【인연】은 속성「필요」인 채로 강도가 2점이 되었다.

루이	루이는 한시름 놓았어. 오토야를 때리지 않아서 다행이야.
오토야	언제 불붙을지 본인도 잘 모를 때가 있으니까.
알칼리	주사위 나름이지.
GM	**주사위 폭탄.**
오토야	주먹밥팀 같은 작명이잖아.

주사위 폭탄
사람의 혼을 거는 어둠의 카지노에서 사용되는 주사위. 대면한 두 사람이 서로 주사위를 굴려 작은 눈이 뜬 사람은 주사위와 함께 폭발한다.

마구로	더 위험한 이름이 붙었네.
알칼리	이젠 루이의 이명이 기대돼.
루이	그만해.

　【프레이즈】는 "누가 무슨 소리를 하던 말던 무슨 상관이야."로 획득.
　지정 특기는 《본성》으로 했다.

오토야	이것밖에 없지.
마구로	진짜 이것밖에 없군.
알칼리	대단하네.
오토야	…아, 그러고보니 굴레3은?
GM	아직 안나왔습니다. 출현 조건이 만족되지 않아서.
오토야	불안하네.
알칼리	【컨디션】이 많은 사람을 남길까.
마구로	그래도 되겠네.
오토야	누가 많아?

　모두 3이었다.

루이	똑같잖아.
알칼리	뭐, 루이가 남는 게 좋을 것 같은데. 이쯤 오면 소마에 대해서 끝까지 알고 싶으니까.
마구로	그렇네. 그럼 다음은 내가 한다.

6 스틱이 착착 감기네

마구로　분주 장면으로 '새로운 환경에서 연주'를 할까.

알칼리　모처럼이니 모두 나오자.

루이　오, 오랜만에 네 명이 모이나.

오토야　**인트로 페이즈부터 한 번도 모인 적이 없다.**

루이　오케이. 그럼 알칼리 집에서 모이자.

GM　그럼 장면 플레이어는 마구로인 걸로… 장면 전개 표를 굴리죠.

마구로　(주사위 굴림) 15.

　장면 전개 표 15번 「오해」.

　오랜만에 네 명이 모이나 하지만 알칼리와 마구로팀도, 루이와 오토야팀도 장면을 연속적으로 했기 때문에 실제로는 헤어진지 하루도 안 지났다.

　장면 플레이어가 스텝에 관한 어떤 오해를 받습니다. 【디스코드】 +2점.

마구로　안 좋은 것도 있네.

오토야　오미쿠지(역주: 일본에서 신년에 운세를 점치는 제비) 같아.

GM　타로 카드에서 아이디어를 얻었습니다.

루이　아, 과연.

알칼리　오해인가… 뭘까.

> **인트로 페이즈부터 한 번도 모인 적이 없다**
> 안 모인 정도가 아니라 아예 다른 작품 세계에 있다.

루이	그러고보니 우리쪽은 아직 마구로가 드럼 받은 거 모르지.
마구로	그렇겠지. 알칼리 아빠가 준 거니까.
오토야	"그 드럼, 어떻게 된 거야?"
마구로	"아 이거? 알칼리 아빠가 준 거야."
오토야	"아빠라니… **너 설마**."
일동	(웃음)
루이	심각한 오해인데.
GM	그러면 알칼리 집에는 이미 마구로가 있고, 오토야와 루이가 나중에 오는 모습이겠네요.
루이	"실례합니다~."
알칼리	"아, 어서와~."
오토야	"설마 이게 알칼리 집이었을 줄이야. 그냥 **등굣길에 이렇게 큰 집도 있다 싶었는데.**"
알칼리	"그래~. 자주 **만남의 장소가 되기도 해**."
오토야	"이렇게 눈에 띄면…."
루이	"그러고 보니 마구로는? 이미 왔어?"
알칼리	"응. 방음실에 있어."
GM	그렇게 안쪽으로 안내받은 루이와 오토야가 본 것은.
마구로	팔짱을 낀 채로 앉아서 빛나는 나.

너 설마
어떤 오해가 있었는지는 알아서 상상하길 바란다. (역주: 아빠의 원문은 パパ로, 일본에 있는 일종의 조건만남 문화를 연상케 함)

등굣길에 이렇게 큰 집도 있다 싶었는데
세션이 끝날 때 즈음에는 도쿄 돔을 몇 개 정도 채울만한 부지에 도베르만이나 비단잉어를 키울 것 같다.

만남의 장소가 되기도 해
"그럼 일요일 11시에 화이트 하우스 앞에서 보자!" "오케이!"

오토야	"너 이거… 대체 어떻게 된 거야."
마구로	"이거? **특수한 루트**로 얻었어."
알칼리	오해를 증폭시키는 롤플레이다.
루이	"특수한 루트라니…."
알칼리	"아빠가 줬어."
루이	"아빠?!"
마구로	"그래, 알칼리네 아빠 말야."
오토야	"사, 사준 건가?"
마구로	"아니, 그러니까 **줬다니까**."
오토야	"너, 아무리 악기가 필요하다고 해도 그렇지! **해도 되는 일과 안 되는 일이 있는 거라고?!**"
알칼리	어깨를 붙잡고 덜덜덜.
마구로	"너, 너, 대체 뭘 착각하는 거야!"
루이	"마구로… 나한테 **한 마디라도 상의해줬으면 좋았을 텐데**."
알칼리	덜덜덜.
마구로	안돼겠다. 기분 나빠지기 시작했어. "잠깐, 놔줘."
오토야	"안 놔줘!"
마구로	"이거 놔!"

특수한 루트
알칼리 아빠가 전직 군인이었다면 진짜 특수한 루트로 만들 수 있었을지도 모른다. 방탄사양이라던가.

줬다니까
"특수한 루트로 얻은", "아빠가 줬다", "산 게 하니라 받았을 뿐" 같은 대사들을 종합하면 오해를 사기에 딱 좋다.

해도 되는 일과 안 되는 일이 있는 거라고?!
사기, 강도, 공갈, 불순이성교제… 다양한 범죄행위가 오토야의 머릿속을 빙빙 소용돌이 치고 있다.

한 마디라도 상의해줬으면 좋았을 텐데
루이한테도 이런 소리를 들었다. 마구로는 의외로 신뢰받지 못하는 걸지도 모른다.

오토야	퍼뜩 손을 놓는다. 이렇게 거친 마구로는 처음 봤다.	
GM	사실 취했을 뿐이라고 한다.	
마구로	"(어쩐지 나른하게)진짜… 아까부터 대체 뭐냐고."	
오토야	"그 태도는 뭔데… 너 정말 어떻게 된 거야!"	
알칼리	알칼리는 "저 세 사람 무슨 일이 있던 걸까." 하고 생각해보고 있어.	
루이	아무 일도 없지.	
오토야	재밌을 정도로 아무 일도 없어.	

슬슬 판정해볼까요
수습하기 어려워져도 판정만 성공하면 어떻게든 된다. 주사위의 힘을 믿자.

GM	**슬슬 판정해볼까요.**
루이	오해가 풀릴 때까지 연주할 분위기가 아닌 것 같으니.

설명하는 방식이 잘못됐다
그건 분명하다.

마구로	오해를 풀고 연주까지 할 수 있을지 없을지. '**설명하는 방식이 잘못됐다**'는 느낌으로 《후회》로… (주사위 굴림) 성공.
오토야	다행이다~. 그럼 알칼리가 해명해주는 걸로 하자.

알칼리는 설명 같은 건 잘 못할 것 같은데
계속 "아빠가 줬을 뿐이야"라고 말하며 상황이 훨씬 더 꼬일 가능성이 있었다.

알칼리	하지만 **알칼리는 설명 같은 건 잘 못할 것 같은데…**.
루이	유감스럽지만 그럴 것 같아.

마구로	알칼리 아빠가 직접 나오는 게 가장 빠를걸.
GM	그럼 그렇게 하죠.
알칼리	아빠가 "연주 어떻게 하고 있을까~"하고 보러 왔다.
이온(GM)	"어떤가, 잘하고 있나?"
알칼리	"어, 아빠!"
이온(GM)	"여기서 연습하기로 했다고 들었으니까 한 번 보러 왔지."
오토야	"이 녀석이…."
알칼리	"응! 아빠야!"
이온(GM)	"너희들도 알칼리의 밴드 동료들인가. 항상 아들이 신세 지고 있네."
오토야	"이 자식… 어? 아들?"
루이	루이는 깨달았다. 얼굴이 닮았다.
오토야	오토야는 아직 모르고 있다. "…어떻게 된 거야?"
마구로	"알칼리의 아빠라니까. 이온 씨."
이온(GM)	"아버지인 이온이라고 합니다."
오토야	"응? 그러면 뭐야? 마구로 너 알칼리의 아버지한테 몸을…."
루이	"아니, 그게 아냐 오토야."

오토야	"어? 뭔 일인데?"
루이	"우리들의 마음이 더러운 탓에 엄청난 오해를 해버린 것 같다…."
GM	시리어스팀이 갑자기 **만화적 공간**에 오니까….
알칼리	(웃음) 근데 그러네. 익숙하지 않았으니까. 만화적 공간은.
오토야	몇 분 후, 그곳에는 마구로에게 도게자를 박고 있는 두 명의 모습이.
루이	"정말로 죄송했습니다…!"
오토야	"우리가 멍청했어!"
마구로	"아니, 됐어. 오해는 풀린 것 같으니까."
알칼리	"게다가 그렇게 계속 사과만 하면 연습할 시간이 없어져 버려!"
오토야	"그렇지 참. 우리 **밴드 연습**을 하러 왔지."
뻐꾸기시계	뻐꾹.
오토야	뻐꾹. 연습하라고 하는데.
GM	오토야는 계속 **뻐꾸기시계와 의사소통**하고 있네요.
마구로	멈춰둘까? 소리 끌 수 있는데.
GM	아니, 재밌으니까 됐어. 그래서… 분주 판정도 성공했기 때문에 연습은 잘됐겠죠. 아마도.

만화적 공간
즉사급 공격을 받아도 대미지가 없거나, 죽은 다음 컷에 살아 돌아오거나, 그뿐만 아니라 지구마저 쪼개지기도 한다. 시리어스 공간의 사람은 결코 맞설 수 없는 것이다.

밴드 연습
혼자서 하면 개인 연습.

뻐꾸기시계와 의사소통
뻐꾸기시계 부분은 생략할까 싶었지만 재밌기 때문에 남겨두었다. 라기 보다는 실은 리플레이 내에서 뻐꾸기시계가 울릴 때마다 딱 30분이 지나게 되는 것이다(캐릭터 제작 시에도 한 번 울렸는데 생략했다). 부디 "여기서부터 여기까지는 30분 정도 걸렸구나" 하고 느껴주길 바란다. 느끼면 뭐가 있냐고 한다면 할 말이 없다.

루이	판정 해볼래? 잘 될지 아닐지.
GM	아아, 그럼 그렇게 해볼까요. 마구로는《노래하다》로 판정해볼까요.
마구로	《노래하다》는… 《달리다》부터니까 7인가. 【컨디션】 쓸까?
GM	아니, **중요한 판정은 아니니까** 괜찮아.
마구로	그런가. 그럼 굴린다. (주사위 굴림) 12.
일동	오오?!
마구로	엄청 좋은 눈이 떴네.
GM	이것은… **스페셜**이네요.
마구로	스페셜?
GM	6의 눈이 2개 나온 특별한 눈으로, 축하금이 나와요.【컨디션】 2점을 받으세요.
마구로	오, 진짠가.
GM	그리고 첫 연주도 정말 잘됐습니다.
마구로	뭐지 이 감각은. **스틱이 착착 감기네.**
오토야	역시 뭔가 작풍이 다른데.
마구로	<u>으으.</u>
루이	작풍보단 **작화가 달라.**
GM	소년만화네요.
마구로	어떻게 된 건데.

중요한 판정은 아니니까
일반적인 판정은 장면 하나의 성패를 결정하지만, 장면의 성패와 상관없는 판정을 임의로 할 수도 있다. 이번에는 연습이 어떤 분위기로 이뤄지는지 정하는 점괘 같은 걸로, 실패해도 디메리트는 없다. 이렇게 이야기 진행에 직접적으로 연관되지 않고 분위기를 내는 부분을 흔히 '플레이버'라고 한다. 즉 맛을 내는 것이다.

스페셜
판정에서 눈이 12가 나오면 스페셜이라고 부르는 특수한 눈으로 취급한다. 목표치가 얼마나 높든 판정은 반드시 성공하고,【컨디션】을 2점 얻을 수 있다.

스틱이 착착 감기네
잘 모르겠지만 "뭔가 대단하다"는 느낌은 전해진다.

작화가 달라
아무래도 격투하고 있는 것 같은 그림이 돼버린다.

알칼리	이상하네, 왜지.
마구로	"뭐야 이 드럼! 쿵쿵쿵쿵짝!"
이온(GM)	"음… 그는 크게 될 것 같군."
알칼리	아빠는 넌지시 말하네.
GM	여러 가지 일들이 있었습니다만 합주는 무사히 마쳤습니다. 모든 스텝을 클리어했으므로 서브 시나리오 달성입니다.
일동	와~(박수).
루이	모두 한 집에서 해결했네. **알칼리 하우스**에서.
마구로	너무 만능이잖아.

알칼리 하우스
"전부 한 집에서 해결, 알칼리 하우스." 건설회사 광고 같다.

마구로는 루이에 대한 【인연】을 속성 「호적수」로 획득했다.

마구로	리듬 섹션끼리 "날 따라올 수 있겠나?" 같은 배틀인가.
루이	"내 베이스 경력을 얕보면 큰코다칠걸!"
마구로	"나도 가끔은 안 져."
루이	"호오, 제법이잖아?"
마구로	"완전 **가오잡았는데. 악기를 잡으면 성격이 바뀌는 타입**인가."
GM	이 두 사람 파지직하고 붙을 것 같네요.

가오잡았는데
'허세 부리다'는 뜻의 속어.

악기를 잡으면 성격이 바뀌는 타입
"숨기고 있던 본성이 드러난다."라고도 한다. 루이도 마구로의 열정에 공명하는 타입의 사람이었다는 것이겠지.

오토야	"정말이지, 전부 애드리브 뿐이잖아! 싫지는 않지만!"
알칼리	"**대단하네~.**" 라고 생각하며 키보드를 친다.
오토야	지금 깨달았는데 우리 중에는 아무도 서로 【인연】이 없네. 좀 외로운 걸.
마구로	그런 캐릭터로 보이기도 하고.
GM	"내가 최고야." 같은 느낌이죠.

프레이즈는 "확신범? 지능범? NO NO NO!!"를 획득.
지정 특기는 《본성》으로 했다.

마구로	"너 일부러 그러는 거야?"라고 오해를 사는 식이니까.
알칼리	납득.
GM	그럼 여기서 마스터 장면을 합니다.
오토야	오?

알칼리댁에서 연습을 끝내고 **패밀리 레스토랑**에서 후담을 나누고 있던 네 명.
새로운 연습 장소를 얻고, 새로운 악기도 얻고, 각각 새로운 희망을 품고 있었다.
이 네 명이라면 라이브도 성공할 터….
그런 분위기를 살짝 떨게 한 것은 루이의 스마트폰이었다.

| GM | 루이 군의 스마트폰이 진동으로 울리고 문 |

"대단하네~."
마구로와 두 사람만큼 열기를 띠지 못하는 것은 알칼리 뿐이다. 지금은 그가 가장 평온해보이지만…?

패밀리 레스토랑
고교생한테 패밀리 레스토랑은 작은 포상이다. 500엔 이하의 싼 메뉴가 있으면 완벽하다. (역주: 일본의 패밀리 레스토랑은 가격대가 낮고 카페와 양식당을 합친 느낌이라 학생들이 자주 찾는다)

	자가 도착합니다.
루이	응? 누구야.
GM	보낸 사람은 스즈나리 소마입니다.
루이	뭐라 써져있어?
GM	"곡 다 썼어."
루이	뭐…?
오토야	완성한 건가!
알칼리	다행이다.
GM	곡 데이터도 첨부되어 있습니다.
오토야	루이, 이어폰 빼.
알칼리	그건가. 코에 넣어서.
마구로	입에서 소리가 나오는 느낌으로.
루이	할까보냐. 주변에 민폐 끼치지 않을 정도의 음량으로 켜보자.
GM	그럼 4명은 머리를 맞대고 스마트폰에 귀를 기울입니다. 그 곡은 확실히 'Bel'의 특징을 갖고 있어서 그가 만든 거라고 바로 알 수 있었습니다. 하지만….
루이	…뭔가 달라.
GM	네. 완성도는 높습니다. 다만 '안주하는 듯한 느낌'이 듭니다.

오토야	**수비에 들어갔다는 건가.**
GM	그렇네요. 팍 느낌이 오지도 않고, 들어도 몇 분 후에 잊어버릴 것 같은 곡입니다.
오토야	"음… 뭐, 멋있긴 한데 뭔가 다르지?"
알칼리	"스즈나리는 이런 느낌이야?"
마구로	"아니. 루이가 몇 곡 들려줬는데 좀 더 이렇게… 진짜 좋은 곡이었어."
오토야	"미안하지만 나는 이런 곡으로는 못해."
알칼리	"오토야 군."
루이	"소마…."
GM	유감스럽지만 아직 그는 굴레에서 벗어나지 못했습니다. 굴레3의 키워드는 「표현」입니다.

수비에 들어갔다는건가
역주: 앞의 '안주하는 듯한'이 일본의 야구 관련 표현

그 자리에 3번째 굴레 카드가 배치된다.

7 퇴마에 성공했다

루이	내가 간다.
마구로	좋아, 갔다와.
알칼리	이 정도로 **주인공 행동**을 하면.
GM	접근 장면 표 굴리겠습니까?
루이	네. 굴립니다. (주사위 굴림) 8.
GM	"잠깐의 휴식 시간. 교실의 창밖을 보면 낯익은 인물이 있다."
오토야	휴식 시간인가. 건물 사이 복도일까. 바깥에는 없을 것 같은데.
GM	스마트폰으로 곡에 달린 댓글을 확인하고 있을지도.
루이	아. 그런 괴로운 표정을 보니 어느새 자기도 모르게 달리고 있었다.
GM	**판정에 +1 드립니다.**
알칼리	빨라!
오토야	아직 아무 것도 안했는데!
GM	아무래도 나는 **루이 군에게 약한 것 같아서…**.
루이	소마와 마주서서 스마트폰을 잡아올립니다.
GM	**앗**(추가로 +1 주고 싶지만 참는 소리).

주인공 행동
'주인공스러운 행동' 같은 의미. 그 외에는 '조연 행동', '악역 행동' 같은 표현도 있다.

판정에 +1 드립니다
가슴이 북받쳐 오르는 감동을 구체적인 형태로 만들 수 있는 것이 『스트라토 샤우트』 GM의 특권이다. 하지만 침착하자.

루이 군에게 약한 것 같아서
이런 게임을 만들 정도라서 GM의 약점은 '청춘'이다. 실물로 서로의 서투름을 부딪히는 모습을 보면 너무 달아서 이가 썩고 만다. 용서해주길 바란다… GM의 취향을 용서하기를….

앗
맥동하는 감성에 '공평함', '게임 밸런스' 등등이 브레이크를 걸고 있다.

오토야	아까부터 GM이 상당히 괴로워보이는데.
알칼리	루이가 퇴마라도 하는 것 같아.
GM	소마는 깜짝 놀라고 있습니다. "루이… 군."
루이	"곡, 들어봤어."
소마(GM)	"…그래."
루이	"감상은 안 물어보네."
소마(GM)	"……."
루이	"…나는 말야. 소마가 감동해줬으면 해서 음악을 시작했어."
소마(GM)	"나를…?"
루이	"그래. 너 말야. 어릴 때부터 전혀 안 울었 잖아. 싫은 것도 전부 참고, 쌓아 두고."
소마(GM)	"그랬… 을까."
루이	"넌 나한테 푸념 같은 건 한 번도 말한 적 이 없었어. 난 잔뜩 말했었는데. 하지만 나 는 항상 너의 진짜 소리를 듣고 싶었어."
소마(GM)	"나의, 소리……."
루이	"그래. 그러니까… 서로 진심을 말하자. 누 군가의 시선을 두려워하지 말고, 너의 소리 를 들려줘. 얼굴도 모르는 타인의 의견보다 내 말을 들어줘."

101

오토야	개쩔어!
소마(GM)	"왜 그렇게 날⋯."
루이	"내가 너의 팬이니까."
GM	젠장! 추가로 판정에 +1점 받아라 이 도둑놈!
알칼리	**퇴마에 성공했다**!
루이	좋았어. 이걸로 꽤 쉬워졌지! (주사위 굴림) 성공!
일동	오!
GM	그러면 소마가 입술을 깨물며 얘기해줍니다.

퇴마에 성공했다!
⋯ 실제로 공평성 같은 것은 중요하지만 이 정도로 쩌는 연출을 보면 어떻게 할 방법이 없다. 1점으로 억누른 것만으로도 잘한 것이다.

"그에게 오는 부정적인 의견은 날이 갈수록 늘어갔다. 소마는 꾸준히 악곡을 투고했지만 기어코 압박감을 이기지 못하고 자기가 쓰고 싶은 음악을 완전히 잃고 말았다. 더이상 생각대로 곡을 쓸 수 없다. 고뇌 끝에 소마는 작곡활동을 중지했다.

정체: 자신감 상실
지배력: 공개 시 10 / 미공개 시 16
효과:『껍데기에 틀어박히다』/ 타이밍: 상시 / 라운드 동안 타깃에 대한 모든 대미지를 5점 경감한다."

GM	이걸 공개상태로 만든 건 꽤나 큽니다.
마구로	효과가 악랄하네. 이거 제일 먼저 쓰러트리지 않으면 위험하지?

알칼리	**장갑**이네….
GM	자세한 것은 라이브에 들어가서 설명하겠습니다. 소마는 신랄한 의견들을 계속 보고서 작곡을 하려고 해도 몸이 거부하는 지경에 이르렀습니다.
오토야	바로 트라우마에 걸려버렸네.
알칼리	그래도 자기가 좋아서 하는 걸 전부 부정당해서 힘들다는 건 알겠어.
마구로	지금 그런 일들은 비일비재할 테니까.
루이	"그런 일이 있었던 건가…."
소마(GM)	"쓸 수가 없어. 아무리 해도."
루이	"소마, 난 언제까지고 기다릴게."
소마(GM)	"……."
루이	"곡을 쓰는 너는 진짜 즐거워보였어. 그러니까 난 너에게 다시 한 번…."
GM	라고 말할 때 **여자애들이 지나갑니다.** "어, 뭐야? 싸움?"
여자(오토야)	"어, 울린 거야? 무섭네."
루이	"아, 아니."
여자(GM)	"저거 우리 반의 코부시잖아."
여자(오토야)	"의외네~. 그런 타입은 아닌 줄 알았는데."
여자(알칼리)	"선생님을 불러야 할까?"

장갑
일정량의 대미지를 막는 효과를 말한다. 입히는 대미지가 깎여버리기 때문에 효율이 떨어진다.

여자애들이 지나갑니다
최종전투는 라이브라고 규칙으로 규정한 이상 "뭔가 이대로 해결해버릴 것 같은데!" 같은 때에는 반드시 트러블이 발생한다. 운명이란 비정한 것이다.

어, 울린 거야?
플레이어가 갑자기 NPC로 난입하는 경우도 TRPG에서는 종종 있는 광경이다. 다 같이 장난치는 것 같아서 즐겁다.

103

오토야	소곤소곤소곤소곤.
루이	"아, 아니라니까. 그런 게 아니라고!"
GM	그런 느낌으로 유야무야되어서 가볍게 해산합니다.
오토야	좀처럼 진척이 없네.
GM	그의 진의를 알았다고 해도 그를 구해낼 수 있는 건 아니므로.
알칼리	거기서부터 라이브로 하는 건가.
루이	다음회에 계속.
GM	하지만 굴레는 모두 공개됐습니다.
알칼리	다행이다~.
오토야	순조롭네.

루이는 소마에 대한 【인연】을 1점 올려서 2점이 됐다.
【프레이즈】는 "벽이랑 어둠을 이제부터 부숴가는 거야"로 획득했다.

알칼리	딱 맞네.
오토야	진짜로 '지금부터'니까.
루이	그래서 지정 특기 말인데….
GM	《어둠》이 그럴싸하네요. 《부수다》나 《도시》도 괜찮을 법합니다.
오토야	《도시》?

GM	《도시》는 도시 안에 있는 전반적인 것을 쓸 수 있어요.
마구로	생각보다 표현 범위가 넓은 특기였네.
알칼리	GM. 벽이 부숴지면 《**하늘**》이 보일 거라는 **생각 안 들어?**
GM	<u>으으으음</u>(웃음). 뭐, 글쎄요.
오토야	GM이 망설이고 있어.
루이	너무 고민하게 만드는 것도 안 좋으니까 이번에는 《어둠》으로 할게.
알칼리	루이는 어른이네.
GM	마치 저는 어른이 아닌 것처럼 말하지 말아주시겠어요?
알칼리	그런 의미는 아니었어요. 헤헤.

《하늘》이 보일 거라는 생각 안 들어?
플레이어 측의 교섭. 이 자체는 권장되는 플레이지만 너무 허용하면 뭐든지 해도 돼버리기 때문에 GM도 살짝 진중하게 하고 있다. 이런 판단은 기본적으로 GM 재량이다. 물론 단번에 허락해도 문제는 없다.

8 왜 안 즐겁지?

알칼리	내 차례인가.
GM	이게 사이클의 마지막이네요. 이 다음은 라이브입니다.
알칼리	그런가. 그럼 연습 장면 할까.
루이	오, 첫 등장.
GM	장면 전개 표를 굴려주세요.
알칼리	(주사위 굴림) 24.

장면 전개 표 24번 「흉조」.

스텝에 관해 안 좋은 일이 일어날 것 같은 전조가 찾아온다. 【디스코드】 +1점.

알칼리	우와. 【디스코드】다.
오토야	집이 불타버렸나?
알칼리	그거 「흉조」 수준이 아니라 아예 「절망」아냐?
마구로	**대체 얼마나 불을 지르고 싶은 거야.**
GM	「흉조」라면 살짝 날씨가 이상하게 변하는 정도겠네요.
루이	연습 중에 갑자기 연주가 잘 맞지 않는다던가.
오토야	**라이브 직전에 그런 건 진짜 괜찮을지도.**
알칼리	주변 환경에 살짝 일어난 변화를 눈치채지 못하고 조금씩 어긋나버리는 거야.
GM	흠흠.
알칼리	지금까지 계속 피아노만 쳐왔으니까 키보드는 익숙치 않고….
루이	항상 혼자서 했을 테니 합주도 별로 익숙하지 않을 거고.
알칼리	맞아맞아.
마구로	그런 점들이 쌓여서 역시너지가 나버리는 거군.

대체 얼마나 불을 지르고 싶은 거야
알칼리 하우스는 항상 불이 날 위험과 마주하고 있었다.

라이브 직전에 그런 건 진짜 괜찮을지도
캐릭터 본인에게는 참을 수 없는 일이다.

알칼리 하지만 알칼리는 감각적인 사람이니까 의식해서 조절할 수 없어.

천재라는 점이 도리어 해가 됐네…
다른 부활동을 제대로 하지 못했던 이유 중에 하나는 새로운 환경에서 다른 사람들과 맞춰가야 한다는 것 때문이었을지도 모른다.

GM **천재라는 점이 도리어 해가 됐네….**

알칼리 "어라? 뭐지 이 느낌… 왜 안 즐겁지?"

마구로 "알칼리, 또 조금 어긋났어."

알칼리 "미안해."

루이 "뭔가 힘든 모양인데. 한 번 쉬고 갈까?"

알칼리 "아니, 괜찮아. 한 번 더 하자."

오토야 알칼리가 한 번도 본 적 없는 표정을 짓고 있어.

마구로 주먹밥팀인데도.

루이 우리도 "어?"하고 있겠지. 아마도.

GM 좋은 「흉조」네요.

알칼리 판정은 《손》으로… 손에 최대한 의식을 집중해서 어떻게든 맞춰보려고 할게.

펌블
다시 짚는 것이겠지만 판정 주사위에서 2가 나오면 목표치에 상관없이 파정은 반드시 실패한다. 또한 드라마 페이즈 중이었다면 【디스코드】를 2점 획득한다. 라이브 페이즈 중이면 【컨디션】이 2점 감소한다.

GM 좋습니다.

알칼리 (주사위 굴림) 으악!

일동 (비명)

알칼리 **펌블**이다!

「로직」
작전 중 하나. 【인연】을 가진 상대 또는 자신의 판정 주사위를 다시 굴릴 수 있게 해준다.

오토야 아직까지 안나왔다 싶었더니!

루이 【작전】으로 「로직」 가진 사람 아무도 없어?

오토야	**아무도 안 갖고 있어!**
알칼리	우리들은 「이모션」에 너무 치우쳐 있는 거야.
GM	펌블은 판정이 무조건 실패하고 【디스코드】를 2점 받습니다.
알칼리	쎄게 오네.
마구로	무슨 일이 있던 거지.
알칼리	오토야에게 한 소리 들은 걸까.
오토야	(웃음) 그러겠지. "진지하게 하고 있는 거 맞아?"
루이	허어.
마구로	점점 분위기가 안 좋아지는데.
알칼리	모처럼이니 여기서 【인연】도 얻어야지. 감정 표 써도 돼?
GM	해보세요.
알칼리	(주사위 굴림) 4.
GM	필요나 기피네요.
알칼리	알칼리라면 기피하진 않겠지. 필요로 할래.
오토야	**착한 아이다.**
알칼리	나한테는 오토야가 반드시 필요하니까 오히려 '내가 필요 없는 거 아닐까'하는 의문이 들게 돼.
루이	열등감 같은.

아무도 안 갖고 있어!
모두 "누군가 하겠지?"라고 생각하면 결국 아무도 안 하기도 한다.

「이모션」
작전 중 하나. 【인연】을 가진 상대나 자신의 대미지를 상승시킬 수 있다. 알칼리 이외에는 전부 「이모션」을 습득했다.

착한 아이다
자신의 마음을 무시하는 듯한 강한 말을 들어도 동료를 미워하지 못한다. 근본적으로 착한 아이다.

| GM | **의욕 차이도 좀 있으니까요.** |
| 오토야 | 알칼리가 의욕 없는 게 아니라 오토야가 의욕적인 것 뿐이지. |

알칼리는 오토야에 대해 속성 「필요」로 【인연】을 획득했다.

루이	밴드 멤버 간에 드디어 관계가 생겼네.
GM	지금까지 두 사람씩 나눠질 때가 많았으니까요.
알칼리	단지 루이한테는 아무도 【인연】이 없어.
루이	**소마가 너무 좋아서.**
오토야	밴드를 더 아끼라고!
알칼리	나랑 소마, 누가 더 중요한데!
루이	그건 그냥 답하기 어려운 거잖아.
마구로	**본편 밖에서 점점 불화가** 생기잖아. 그만혀.

알칼리는 【프레이즈】를 "자유로움 유니크함도 없이"로 획득.
지정 특기는 GM과 상의하여 《두근거림》으로 했다.

알칼리	평소의 자유로움을 발휘하지 못하게 됐으니까.
GM	깔끔하네요. 좋습니다.
루이	여기까지 와서 【디스코드】를 벌었네.

의욕 차이도 좀 있으니까요
의욕 덩어리인 마구로와 오토야. 사실은 의욕이 넘쳤던 루이. 의욕이 없는 건 아니다. 자기 나름대로 진지하고, 의욕도 있다. 단지… 그들 앞에선 왠지 그런 부분들이 희미해지고 마는 것이다.

소마가 너무 좋아서
GM은 판정에 +1을 주려고 했지만 판정하는 신이 아니었기 때문에 참았다.

본편 밖에서 점점 불화가
TRPG에서 자주 있는 일 중 하나. '잡담에서 시작하는 장외난투'.

GM	지금까지 너무 순조롭기도 했죠.
알칼리	별로 안 좋은 거 아냐?
GM	꼭 그렇진 않아요. 다소 리스크는 있습니다만 잘하면 일반적으로 【컨디션】을 얻는 것보다 강하게 됩니다.
알칼리	그 점을 기대할 수밖에 없나. 이제 곧 라이브니까.

9 나머지는 우리 하기 나름

백스테이지 장면
드라마 페이즈의 성과를 중간발표하는 장면. 기본적으로 시간대는 라이브 직전이다. 스테이지 뒤나 분장실, 전날 머무는 곳 등이 무대가 된다.

GM	그러면 라이브 직전, **백스테이지 장면**입니다.
마구로	오, 아직도 라이브는 안 들어가네.
GM	네. 지금은 스테이지 뒤에서 대기하고 있습니다.
오토야	엄청 긴장되는 부분이다.
GM	스테이지 위에서는 다른 학교의 밴드가 연주하고 있는 거 아닐까요?
루이	"저 애들 꽤 잘하네…."
오토야	"괜찮아. 쫄지 마. 자신을 믿어."

과연 경험자는 침착함이 다르네
침착한 사람을 보면 긴장으로 두근거리는 심장이 약간 편안해지기도 한다. 고마운 일이다.

마구로	**과연 경험자는 침착함이 다르네.**
알칼리	알칼리는 약간 불안한 표정이야.
루이	【디스코드】에 끌려서 그런가.

알칼리 결국 마지막까지 납득할 수 있는 합동 연습은 못했으니까 말이지.

GM 그런 【디스코드】에서 벗어날 수 있을지를 정하는 것이 이 백스테이지 장면입니다.

알칼리 기다렸어요!

GM 우선 서브 시나리오의 상태를 확인합니다. 멋지게 달성했기 때문에 모두 축하금을 받습니다. 【컨디션】을 1D6점 획득해주세요.

오토야 굉장해! 잔뜩 받을 수 있어!

GM 부실 소실이라는 역경을 뛰어넘은 것이 모두의 자신감으로 이어지는 것입니다.

루이 열심히 했지.

마구로 그랬던가?

알칼리 별로 열심히 안 했는데.

오토야 나랑 루이는 열심히 했어. 연습 장소 찾기.

루이 대부분 알칼리 하우스가 해결해버렸을 뿐이지.

GM 뭐, 해결은 했으니… 모두 1D6을 굴려주세요.

루이는 1점, 알칼리는 2점, 마구로는 4점을 획득.
그리고 오토야는….

오토야 (주사위 굴림) 6!

루이	너무 믿음직스러운데.
마구로	이것이 경험인가.
GM	자, 여러분이 대기하고 있는 곳에 **선생님도 있습니다.**
오토야	고문 선생님이다!
GM	**…이름 까먹었나요?**
루이	아시야지.
오토야	아시야 선생님이다!
알칼리	까먹었네.
마구로	까먹었구만.
아시야(GM)	"시끄럽구만, 여기."
마구로	첫마디가 그거냐.
루이	동의해. 소음 엄청나니까.
아시야(GM)	"너희들이라면 열심히 연습했겠지? 뭐, 잘 될 거다."
오토야	격려가 좀 대충대충인데.
GM	그야 학교에서 연습 안했잖아요?
루이	그렇지. 알 리가 없네.
아시야(GM)	"스즈나리와는 얘기해봤나?"
루이	"많이 얘기해봤습니다."
마구로	"얘기해봤지만…."

선생님도 있습니다
고등학생이기 때문에 보호자로서 동행하고 있다. 하지만 역시 라이브 자체에는 별로 흥미가 없고, 여전히 눈빛은 죽어있다.

이름 까먹었나요?
전부 알칼리 하우스가 해결해버렸기 때문에 선생님은 나올 일이 거의 없었다.

114

알칼리	"몰랐어."
GM	시리어스팀한테 전부 맡겼으니까….
루이	"리더가 이것저것 준비해주는 사이에 말야."
마구로	"그래. 수고했다."
일동	(웃음)
오토야	진짜 리더 같네.
루이	리더는 턱 하고 앉아있으면 되는 거야.
아시야(GM)	"그러고 보니 스즈나리 말인데, 여기에 와 있다."
알칼리	"다행이다. 와줬구나."
오토야	무대 뒤에서 객석을 살펴보면.
GM	**가장 뒤쪽**에 있네요.
오토야	멤버들을 향해 돌아보며 "있어있어."
알칼리	"괜찮은 걸까. 스즈나리 군."
오토야	"여기까지 와줬잖아. 나아가고 있어. 나머지는 우리 하기 나름. 그리고 저 녀석 나름이지."
루이	"후회하지 않도록 연주하자. 그게 가장 큰 응원이 될 거야."
GM	좋습니다. 그럼 여기서 결의 판정을 하겠습니다.

그래. 수고했다
좋든 나쁘든 멤버들에게 전폭적인 신뢰를 받고 있다. 가장 리더의 그릇에 걸맞을지도.

가장 뒤쪽
올스탠딩 객석 전방에는 관객이 꽉꽉 몰리게 되지만 객석 후방은 의외로 조용한 공간이 된다. 전방과 달리 다른 관객에게 치이거나 하지 않기 때문에 이곳을 선호하는 사람도 적지 않다.

오토야	결의 판정.
GM	【디스코드】가 있는 사람은?

루이 외에 모두가 손을 들었다.

GM	그러면 세 명은 판정해주시기 바랍니다. 성공하면 부정적인 마음인 【디스코드】를 계기로 삼아 결의를 다지고 모두 한 마음이 되어 연주에 임할 수 있게 됩니다.

마음가짐을 고쳐먹는다
고쳐먹지 못하면 라이브 전에 있었던 일들 때문에 【컨디션】이 내려가버린다.

목표치는 고정 10
역주: 실제 규칙에서는 9에서 클리어한 스텝 수를 뺍니다.

오토야	**마음가짐을 고쳐먹는다**, 라는 건가.
GM	**목표치는 고정 10**입니다. 여기서 클리어한 스텝 수를 뺍니다.
마구로	클리어한 건 3개네.
GM	네. 그러므로 7.
오토야	꽤 높네. 할 수 있을까.
GM	추가로 자신에 대한 【인연】의 수만큼 플러스 수정치가 적용됩니다.
오토야	(캐릭터 시트들을 보며) 모두한테 【인연】이 각각 1점씩 있네. 전부 6이야.
루이	【디스코드】가 없는 사람은?
GM	판정할 필요는 없습니다. 이미 결의를 다졌기 때문입니다.
루이	좋아. 해보자고.

GM　　　그럼 남은 3명은 판정해주세요.

　오토야와 마구로는 【컨디션】을 1점씩 사용해서 결의 판정을 성공시켰다.

알칼리　　마지막은 나네.

GM　　　【컨디션】을 쓰나요?

알칼리　　1점 쓰면 목표치 5지만… 뭔가 불안하네. 2점 써야지.

GM　　　그렇지요. 【디스코드】가 높은 사람일수록 이 판정을 성공시키는 게 좋습니다.

알칼리　　목표치 4로… (주사위 굴림) 4!

루이　　　위험했다!

마구로　　미래예지인가?

알칼리　　"이 4명이서 할 수 있는 걸 하는 거야. 나는, 나만 할 수 있는 걸 할 거야!"

오토야　　"알칼리, 좋은 표정이잖아."

알칼리　　"후후. 즐겁게 해보자."

GM　　　그럼 결의 판정을 성공한 분은 【디스코드】의 2배만큼 【컨디션】을 더해주세요.

마구로　　오오, 【컨디션】 4점을 얻었어.

알칼리　　6점 얻었네. 해냈다!

오토야	과연. 【디스코드】를 모으면 강해지는 거네.
GM	단, 결의 판정에 실패하면 【컨디션】을 【디스코드】만큼 감소시키고 라이브를 시작합니다.
오토야	끔찍하네.
알칼리	실패하면 【컨디션】이 0이 될 뻔 했다… 큰일 날 뻔.
GM	하지만 결의는 다졌습니다. 남은 건 연주할 뿐입니다.

라이브 페이즈

1 그 아이를 위해서 노래하겠습니다.

GM	그럼 드디어 라이브입니다. 이전 밴드가 연주를 끝내고 스테이지에서 내려갑니다. 이어서 선라이트 샤우트.
오토야	그러고 보니 그런 이름이었어.
마구로	**까먹고 있었다.**
루이	정신 차려.
GM	여러분이 스테이지에 올라갑니다.
마구로	객석 안쪽에 소마가 있는 거지.
GM	그렇습니다.
마구로	**스틱으로 소마를 가리킬게.**
루이	리더!
마구로	그 다음 아무 일도 없던 것처럼 드럼의 감촉을 확인해. 쿵따따따딱챙챙.
GM	좋네요. 라이브 개시 전에 하고 싶은 연출이 있으면 지금 해주세요.
알칼리	보스전 직전 같아.
루이	"너만은 반드시 쓰러트린다!" 같은 연출을 하는 신이네.

까먹고 있었다
밴드명을 까먹어도 리더는 될 수 있습니다.

스틱으로 소마를 가리킬게
소마에게 그 의미가 전해지지 않을 리가 없다. 꿀꺽하고 숨을 삼키고 불안과 기대로 떨리는 심장을 억누르듯이, 그는 양손을 가슴에 얹었다.

GM	그런 이미지입니다.

멤버 소개
MC(스테이지 위에서 하는 토크)가 어려우면 일단 멤버 소개를 하면 좋다. 소개받은 PC는 악기를 치거나 마이크로 한 마디씩 해보자.

오토야	아, 그럼 **멤버 소개**를 하고 싶어! "선라이트 샤우트입니다. 베이스, 코부시 루이."
루이	징지지징지지.
오토야	쳐줬어!
루이	이제 전투 태세니까. 평소보다 눈매가 날카로워졌어.
오토야	"키보드, 아마미 알칼리."
알칼리	키보드를 치며 싱글벙글 웃고 있어.
마구로	주먹밥 안 먹어도 돼?

스테이지에서는 음식물 금지입니다
당당하게 먹으면서 스테이지에 오르려고 했다.

알칼리	스태프 분에게 **"스테이지에서는 음식물 금지입니다."**라는 소릴 들었어.
루이	먹으려고는 한 거냐고.
오토야	"드럼, 시라베 마구로."
마구로	"우오오오오! (드럼을 리드미컬 하게 두들긴다)"
오토야	"보컬 겸 기타를 맡은 코에다카 오토야입니다. …나는 세계제일의 록스타가 되고 싶어."
알칼리	"오토야 군?"
오토야	"나는 그걸 위해서 항상 노래해왔고, 이제부터도 계속 노래할 거야. 하지만 오늘은…

이 밴드에 반드시 필요한, **그 아이를 위해서 노래하겠습니다.**"

일동	오오오!

오토야   "『완전감각 Dreamer』! 리더, 카운트!"

마구로	"1, 2, 3, 4!"

그 아이를 위해서 노래하겠습니다
첫 라이브에서 관객을 무시하고 단 한 명을 위해서 노래를 부른다. 그런 풋풋함도 청춘 드라마이며, 록의 모습 중 하나다.

카운트에 맞춰 GM이 **스마트폰**으로 『완전감각 Dreamer』을 튼다.

드디어 라이브 스타트다.

알칼리   역시 브금(BGM)이 있으면 분위기가 사네.

스마트폰
지금은 스마트폰만 있으면 원하는 음악을 BGM으로 틀 수 있는 시대가 됐다. 음악을 틀 수 있는 환경이라면 실제로 틀면서 플레이해보길 바란다.

루이	알고 있어도 팍 온단 말야.

GM   라이브 페이즈의 규칙에 대해서 설명하겠습니다.

라이즈 페이즈에서는 사이클이 아닌 라운드라는 단위로 진행한다.

모두가 1번씩 행동하면 한 라운드가 지나고, 전부 3라운드로 이뤄진다.

모든 라운드가 종료된 시점에서 타깃인 소마의 DP가 0이 되면 라이브는 성공. 1이라도 남아있으면 라이브는 실패한다.

GM	DP는 '디스턴스 포인트'. 밴드 멤버와 타깃 간의 거리인 마음의 거리를 나타내는 포인트입니다.

마구로   0으로 만들면 우리들과 소마는 일심동체라
는 거지.

GM   네. 노래가 진정으로 소마의 마음에 닿아
그의 에너지가 됩니다.

루이   그렇군. 연주로 전투하는 건가.

GM   그리고….

가사의 A파트, B파트, C파트는 각각 제1 라운드,
제2 라운드, 제3 라운드에 대응한다.

라운드 수에 대응하는 파트에 【프레이즈】를 가진 PC
는 프레이즈 버스트를 비롯한 강력한 행동이 가능하다.

루이   예를 들면 나는 A파트와 C파트에 【프레이
즈】를 갖고 있으니까 제1 라운드와 제3 라
운드에 강력한 공격을 할 수 있다… 이런
말이지?

GM   네. 그렇습니다. 다만… 그러네요.

오토야   응?

GM   우선 제1 라운드를 시작하겠습니다. 그리
고….

GM은 지금까지 등장했던 굴레 카드를 펼쳐놓고 시나
리오 시트 위에 배치한다.

그 중에서 한 장을 들어서 읽는다.

GM	굴레2,「표독스러운 의견」. 효과는「전염」. 라운드 개시 시, PC 2명을 지정하여 이번 라운드 동안【프레이즈】사용을 금지한다.
마구로	그러고 보니 그런 내용이었지.
GM	지정하는 건 루이와 알칼리입니다.
알칼리	윽.
루이	제1 라운드에【프레이즈】를 쓸 수 있는 건 이 두 사람밖에 없는데.
GM	여러분이 싸우는 것은 타깃 뿐만이 아닙니다. 굴레는 타깃의 마음을 **부정적인 방향으로 끌어당기려고 움직입니다.**
알칼리	굴레는 3개니까 실질 4 대 4인가.
GM	네. 게다가 굴레는 매 라운드 2개씩 부활합니다.
마구로	부활까지 하는 거야?
알칼리	으으. 쓰러트려도 바로 현실을 떠올리게 하는거구나.
오토야	하지만 타깃만 쓰러트려도 되잖아. 그럼 집중공격하면 쉽게 이기지 않을까?
루이	DP에 따라 다르겠지. 타깃에 대한 대미지를 경감하는 굴레도 있으니까.
오토야	그렇구나. 경감한 만큼 소용없게 되니까.

**부정적인 방향으로 끌어
당기려고 움직입니다**
그래서 이 전투는 줄다리기 같은 구성이기도 하다. 이쪽으로 끝까지 당기면 승리하는 것이다.

완전감각 Dreamer

노래: ONE OK ROCK 작사: TAKA 작곡: TAKA

A 파트 / 제 1 라운드

So now my time is up
Your game starts, my heart moving?
Past time has no meaning for us,
it's not enough!
Will we make it better or just stand here longer
Say it "we can't end here 'till we can get it enough!!"

절대적 근거는 거짓 투성이
언제나 있는 것은 바로 나의
자신감이나 불안을 뒤섞은
약해보이면서도 강한 나!! **루이**

This is my own judgment!!
Got nothing to say!!
혹시라도 다른 말이 떠오르면 바로바로 말해!! **알칼리**
「완전감각 Dreamer」가 내 이름이야
Well, say it? well, say it!!
있다면 그대로 듣지만 지금은 Hold on!

B 파트 / 제 2 라운드

Yeah when I'm caught in fire
When I rise up higher **알칼리**

지론이나 이론을 대충 섞어서
자유로움 유니크함도 없이

Do you see me out there waiting for the next chance we get
Will we make it, IT'S NOT ENOUGH or just stand here longer **마구로**
Say it "We can't end here till we can get it enough!!"

This is my own judgment!!
Got nothing to say!!
혹시라도 다른 말이 떠오르면 바로바로 말해!!
「완전감각 Dreamer」가 내 이름이야
Well, say it? well, say it!! **오토야**
You know I've got to be
NUMBER ONE!!

확신범? 지능범? NO NO NO!!
언제나 그 자릴 모면하려는

C 파트 / 제 3 라운드

어떤데? 예상외?
당황하고 까발려져서
후퇴?해서 퇴각?
은 yeah

어떻게 해도 언제고 변하지 않아
벽이랑 어둠을 이제부터 부숴가는 거야 **루이**

완전감각 Dreamer **마구로**

완전감각 Dreamer스러운 공상!!
누가 무슨 소리를 하던 말던 무슨 상관이야!! **오토야**

When I'm caught in fire
When I rise up higher
Do you see me out there
I can't get enough! Can't get enough!!

마구로	GM, 타깃의 DP는 얼마야?
GM	150입니다.
일동	150?!
마구로	라운드마다 50씩 깎아야 한다는 거?
루이	할 수 있나…?
GM	괜찮습니다. …**이론상으로는.**
알칼리	그런 말은 왠지 무서우니까 안하면 좋겠는데.
오토야	신뢰가 안 가네.
GM	아무튼 제1 라운드 행동 선언 부탁드립니다.

… 이론상으로는
플레이어가 이론상의 행동을 하고, 이론상의 대미지를 내면… 이라는 꽤나 불안한 대사.

행동은 공격과 회복이 메인이다.

공격은 타깃의 DP를 깎거나 굴레를 무력화한다.

회복은 자신의 【컨디션】을 회복한다.

어느쪽이든 【프레이즈】를 사용하면 효과가 엄청나게 상승한다.

오토야	나부터 갈게. 우선 두 사람의 【프레이즈】를 쓸 수 있게 하겠어.
루이	고맙다.
오토야	「표독스러운 의견」을 공격.
GM	지정 특기는 굴레 카드에 써있는 것을 사용합니다.

오토야	그 말은… 《어둠》이네. 근처에 있는 《무기》로 할 테니까 목표치는 6. 【컨디션】을 2점 써서 목표치를 4까지 내린다!
GM	익숙해졌네요. 공격하세요!
오토야	"루이, 알칼리! 얽매이지 마! 연주에 집중해!"
마구로	연주 중에 외쳐도 되는 거야?
GM	괜찮습니다. 「소리가 보여주는 광경」이라는 규칙이 있습니다. 여기서 연출은 모두 **음악이 보여주는 백일몽** 같은 풍경으로 처리됩니다.
마구로	기타에서 용이 날아올라도?
GM	됩니다.
알칼리	소년만화 같아.
오토야	그럼 마음껏 외치겠어. "주저하지마! 전부 발휘하지 않으면 후회할 거라고!" 「표독스러운 의견」을 공격! (주사위 굴림) 응, 성공.
GM	그러면 대미지를 정하죠. 【악기위력】+【기량】+사용한 【컨디션】이 대미지가 됩니다. 이 수치가 굴레의 【지배력】을 넘으면 굴레는 무력화됩니다.
오토야	공개상태가 된 굴레니까 【지배력】은 6인가.
마구로	나올만 해.

소리가 보여주는 광경
폭발하는 연주에 몸을 맡기고 소리와 하나가 되면 보이는 정신세계 같은 것이라고 생각하면 된다. 기본적으로는 뭘 해도 상관없다. 라이브 하우스에 운석이 떨어지거나, 현장이 드래곤의 화염에 집어삼켜져도 된다.

음악이 보여주는 백일몽
시선이, 몸의 떨림이, 내딛은 발이, 평소와는 다른 단 하나의 우렁찬 소리가, 모든 것을 전해주기도 한다. 무대 위에서는 연주와 음악이야말로 '언어'인 것이다.

오토야	간다! (주사위 굴림) 6! 【기량】이 1이고, 【컨디션】을 2점 썼으니까 대미지는 9!
GM	【지배력】을 넘었으므로 격파입니다.
루이	굴레 카드를 공개시키는 게 진짜 중요하네.
알칼리	공개되지 않으면 【지배력】은 12였을 테니까.
GM	오토야의 공격으로 소마는 연주에 빠져들어 자기도 모르게 「표독스러운 의견」을 잊어버립니다.
마구로	좋아하는 음악을 들으며 싫은 걸 잊는다. 잘 알지.
GM	알칼리와 루이는 이번 라운드 동안 【프레이즈】를 쓸 수 있게 됩니다.
알칼리	알칼리는 순간 건반을 누르는 손가락이 떨려서 흔들릴 것 같았지만 오토야의 소리로 정신을 차린다. "내가 무서워할 필요 따윈… 없어!" 짜잔!
오토야	명장면이야.
마구로	내가 하고서 이런 말하기는 뭐하지만, 나 이 만화 읽어보고 싶어.
오토야	나도.
루이	"좋아, 약간 진정됐어…." 이대로 DP를 깎아주지.

마구로	아니, 그 전에 내가 「자신감 상실」을 해치운다. 이 녀석의 대미지 경감 효과는 먼저 안 막으면 둘의 대미지가 약해지니까.
루이	리더.
마구로	너희가 전력을 낼 수 있게 하는 게 리더의 역할이야. 굴레는 맡겨둬.
GM	그럼 판정해주세요.
마구로	간다!

펌블이 나왔다.

일동	(웃음)
루이	리더———!
마구로	이번에는 이 정도로 해두지.
알칼리	왜 해낸 것 같은 소릴 하는 거야.
GM	라이브 페이즈 동안 펌블이 나오면 【컨디션】을 2점 감소시킵니다.
오토야	아픈데.
알칼리	음… 여기선 굴레1을 부숴놓는 게 좋을까.
루이	「인터넷 유명인」인가. 확실히 【컨디션】을 줄이는 효과를 부수고 다음 라운드를 보는 게 좋을지도 몰라.
오토야	타깃의 DP를 못 깎는 건 좀 무섭지만….

(웃음)
이 정도로 최고의 타이밍이 있었을까. 현장은 폭소로 가득 찼다. 이만큼 빵 터졌으면 성공이라 할 수 있다.

알칼리	전력을 내기 위해서 준비하는 것도 중요하니까.
오토야	알칼리가 그렇게 말한다면 그런 거겠지. 난 이 녀석의 직감을 믿어.
마구로	예지능력자니까 말이지.
루이	**캐릭터와 플레이어가 구분되지 않게 됐어.**
알칼리	그럼 「인터넷 유명인」을 공격!
GM	알칼리는 제1 라운드에 【프레이즈】를 갖고 있으므로 그걸로 공격할 수 있습니다.
알칼리	"혹시라도 다른 말이 떠오르면 바로바로 말해."지.

캐릭터와 플레이어가 구분되지 않게 됐어
이야기 속 세상에 몰입하면 발생하는 현상. 기분좋다.

【프레이즈】를 사용해서 공격하면 **프레이즈 공격**이 된다.

일반 공격의 대미지에 2D6점을 더해 보다 높은 대미지를 낼 수 있다.

프레이즈 공격
일반 공격으로 【프레이즈】를 쓰면 대미지가 높아지는 프레이즈 공격, 일반 회복에 【프레이즈】를 쓰면 회복량이 높아지는 프레이즈 회복으로 각각 강화된다.

GM	프레이즈 공격의 지정 특기는 【프레이즈】의 지정 특기입니다.
알칼리	《외치다》니까 목표치는 8인가. 여기선 【컨디션】 3점을 쓸게.
루이	꽤 쓰는데.
마구로	**후반은 괜찮나?**
알칼리	괜찮아. 잘 생각하고 있으니까! (주사위 굴림) 성공!

후반은 괜찮나?
라이브 페이즈에 들어가면 스페셜을 띄우지 않는 한 【컨디션】이 자연적으로 증가하는 일은 없다. 생각 없이 소비하면 도중에 말라버린다.

GM	좋습니다. 그럼 대미지를 산출합니다.
알칼리	주사위가 2개 늘어서… 4D6! 간다. (주사위 굴림) 18점!
루이	오버킬이다.
GM	거기에 【기량】 1점과 【컨디션】 3점을 포함 하여 합계 22점. 격파입니다.
마구로	생각보다 대미지가 상당히 늘었는데.
루이	제대로 【컨디션】을 쓰면 확실히 기회는 있 을 것 같아.
GM	그럼 제1 라운드 마지막은 루이네요.
루이	굴레3을 쓰러트려도 별 수 없으니까 지금 은 본체다.
마구로	그렇게 되겠네.
루이	정신을 차리니 관객은 페이드아웃돼서 라 이브 하우스에는 우리들과 소마 밖에 없어 졌어.
오토야	오.「소리가 보여주는 광경」.
루이	스테이지 위에서 말을 걸어. "소마. 알겠 어? 네가 가장 좋아하는 '음악'이야."
소마(GM)	"…윽!"
루이	"몇 번이라도 주저앉아도 돼. 그때마다 들 려줘서 떠올려줄 테니까. 몇 번이고 말야. 난 친구니까."

소마(GM)	"루이 군…!"
루이	(주사위 굴림) 판정은 성공. 대미지는 (주사위 굴림) 15점이다!
GM	「자신감 상실」로 5점이 경감되어 10점. 앞으로 140점입니다.
오토야	많이 남았네.
알칼리	괜찮아. 반드시 도와주자.
마구로	친구니까 말이지.
루이	그래.

2 끝까지 가쓰오부시를 미네

GM	제2 라운드입니다. 굴레는 1과 2가 부활. 다시 3개가 됐습니다.
오토야	끝이 없네.
알칼리	제2 라운드의 【프레이즈】는… 루이 빼고는 전부 갖고 있네.
GM	「표독스러운 의견」의 효과가 발동합니다. 이번에는 알칼리와 마구로로 하죠.
알칼리	꺄악. 또 쓰지 못하게 됐어.
마구로	"어, 나 제대로 치고 있어?" 잘 모르게 됐다.
루이	좋아. 이번엔 내가 가지. 「표독스러운 의견」을 공격한다.

오토야	아 고마워.
루이	【컨디션】을 2점 써서… (주사위 굴림) 성공. 대미지 9점으로 격파!
GM	멋지네요.
루이	베이스의 중저음이 진동하며 두 사람을 얽매는 굴레를 날려버린다.
알칼리	빠지직!
오토야	루이도 좀 치네. 질 수 없지.
GM	점점 고조돼가네요. 다음은 누가 하겠습니까?
오토야	이번 라운드에 프레이즈 버스트 쓰고 싶은 사람 있어?
마구로	아아, 필살기였던가.
GM	네. 【프레이즈】를 필수로 사용하고, 1세션에 1번만 사용할 수 있습니다.
알칼리	나 써보고 싶어.
마구로	나는 제3 라운드에 해도 돼.
오토야	(조금 생각해보고서) 좋아. 화력은 제3 라운드에 집중시키자. 「자신감 상실」을 프레이즈 공격하겠어!
GM	음. **승부수를 띄웠네요.**
마구로	충분할까…?

승부수를 띄웠네요

일반적으로 생각하면 【프레이즈】는 가급적이면 타깃에게 사용하는 편이 높은 대미지를 넣을 수 있다. 하지만 여기서는 전력 공격에 대비하여 아군이 안정적으로 화력을 낼 수 있도록 하는 서포트 역할을 맡았다. 제2 라운드에는 아끼고, 제3 라운드에 승부를 거는 움직임이다.

알칼리	이쪽의 체력을 고려하지 않아도 되는 건 편하지만 좀 급해지네.
루이	장기전은 불가능하니까.
알칼리	최단거리로 부딪히는 수밖에 없어.
오토야	갑니다! (주사위 굴림) 성공! 대미지는 (주사위 굴림) 23점이다!
GM	「자신감 상실」도 무력화됩니다. 소마의 가슴속에 따뜻한 마음의 불이 비추기 시작했습니다.
오토야	"다른 사람의 눈치 따위 보지 마! 넌 하고 싶은 게 있잖아!"
소우마(GM)	"......!"
오토야	"하고 싶은 말이 있으면 말해!(Well, say it? Well, say it!!) 내가 바라는 건 너 자신의 말이라고!"
루이	가사를 썼어!
오토야	모처럼 【프레이즈】도 있으니까. 약간 해보고 싶었어.
GM	훌륭한 프레이즈 공격입니다. 소마의 마음의 벽은 사라지고 타깃에게 대미지가 직접 통하게 됩니다.
알칼리	좋아. 그럼 나도 간다. 프레이즈 버스트!
루이	드디어 왔다!

GM	만반의 준비를 했네요.
알칼리	프레이즈 버스트 「스케일 댄스(軽階, 경계)」!

　알칼리의 손가락이 급격히 빨라지고, 스텝을 밟듯이 88개의 건반을 구르기 시작한다.

　그것은 알칼리가 밴드에서 처음으로 도전하는 애드리브였다.

　하지만 두려움은 티끌만큼도 없다. 오히려….

알칼리	"즐거워…!"
오토야	"저 녀석 너무 열심히 하잖아. 뭐, 그 정도로 벗어 던지지 않으면 즐길 수 없겠지만!"
알칼리	눈이 엄청 반짝반짝.
루이	뇌내 마약 위험한데.
알칼리	그럼 지금 갖고 있는 【컨디션】을 **6점 전부 써서** 타깃을 공격하겠어!
마구로	전부? 아직 한 라운드 남아있는데.
알칼리	「스케일 댄스」는 공격에 사용한 【컨디션】의 절반을 모두에게 나눠줄 수 있어.
오토야	공격과 회복을 동시에 할 수 있다는 건가.
GM	네. 전체 회복이 가능한 건 키보드 뿐입니다.
알칼리	판정에 +6이니까 펌블만 안 뜨면… (주사위 굴림) 응, 성공!

6점 전부 써서
판정 한 번에 소비할 수 있는 【컨디션】은 최대 6점까지이기 때문에 이것이 최대로 쓴 것이다.

루이	이 안정감은 확실히 키보드 같아.
GM	알칼리 본인은 안정 같은 건 버렸지만요.
알칼리	"모두들! 지금부터 후반전이야!" 알칼리가 키보드 솔로를 치자 소리가 비눗방울처럼 날아간다.
GM	거품이 터질 때마다 멤버들은 활력이 솟구칩니다. 여러분 모두 【컨디션】을 3점씩 회복해주세요.
마구로	**가끔씩 주먹밥이 날아온다.**
알칼리	가쓰오부시.
오토야	끝까지 가쓰오부시를 미네.
알칼리	(주사위 굴림) 대미지는 21점!
GM	그대로 들어가서 119점 남았습니다.

가끔씩 주먹밥이 날아온다
결국에는 모든 비눗방울이 주먹밥이 되어 사람들의 마음은 가쓰오부시에 삼켜진다. 가쓰오부시를 믿자. 이것이야말로 천재가 만들어낸 이상향. 새로운 신의 탄생이다. … 그렇게 되기 전에 빨리 마무리를 지어야 한다.

이어서 마구로가 타깃에게 프레이즈 공격을 한다.
판정은 성공. 18점의 데미지를 때려넣고, DP는 101점이 남았다.

마구로	앞으로 2/3가 남았네. 할 수 있나?
알칼리	솔직히 해보지 않으면 몰라.
GM	여기서 굴레1 「인터넷 유명인」의 효과를 발동하여 전원의 【컨디션】을 1점 감소시킵니다.
오토야	빡세네.

루이　마지막까지 후회하지 않도록 힘내자.

3 울리고 와라

GM　제3 라운드, 마지막이네요.

마구로　좋아, 전력 발휘 해볼까.

GM　네. 전력 발휘를 위한 규칙도 있습니다.

오토야　오?

GM　「라스트 스퍼트」라는 규칙이 있습니다. 제 3 라운드에서는 PC가 주는 대미지는 전부 1D6점 증가합니다.

루이　음. 크네.

알칼리　그럼 여기서 **「테크닉」**을 발동할게.

오토야　그렇지. 작전이 남아있었어.

마구로　「테크닉」의 효과가 뭐였지.

GM　【인연】을 소비하여 자신이나 【인연】 대상의 【컨디션】을 1D6점 회복합니다.

마구로　왕창 회복하네.

GM　「테크닉」도 키보드도 회복이니까 알칼리는 회복 특화형이네요.

알칼리　어디보자… 【인연】이 있는 건 오토야 군이나 마구로 군인가.

마구로　나는 아직 많이 남아 있으니까 알칼리가 회

「테크닉」
작전 중 하나. 【인연】을 가진 상대나 자신의 【컨디션】을 회복할 수 있다.

복해도 돼.

알칼리	정말? 고마워. (주사위 굴림) 응. 하지만 그렇게 많이는 안나왔네. 오토야 군이 【컨디션】2점, 내가 1점.

오토야　땡큐.

알칼리	좋아. 【프레이즈】도 없고, 이대로 일반 공격한다!

알칼리는 「표독스러운 의견」을 일반 공격.
방금 획득한 【컨디션】1점을 써서 무사히 격파한다.

알칼리　할 수 있는 건 했어~. 뒤를 맡길게!

마구로	알칼리, 나이스 파이트.

오토야　으음. 난 어떻게 할까.

루이	왜?

오토야　내 프레이즈 버스트는 무력화된 굴레가 많을수록 강해지는데, 굴레를 전부 잡는 건 효율이 안 좋잖아.

루이	앞으로 얼마나 잡을 건지의 문제인가.

오토야　맞아맞아.

마구로	근데 누가 됐든 「자신감 상실」은 잡아야 하잖아.

알칼리　대미지를 경감하는 효과니까. 이건 방해되겠네.

루이	반대로 【컨디션】은 이번 라운드에서 다 써 버릴 테니까 「인터넷 유명인」을 잡을 **메리트는 별로 없지.**
오토야	그럼 「자신감 상실」 하나만 쓰러트리는 게 좋겠어.
알칼리	그게 좋겠네. 대미지도 늘어나고.
마구로	좋았어. 그럼 「자신감 상실」은 나한테 맡겨. 프레이즈 버스트를 쓸 거야.
루이	굴레를 쳐도 돼? 타깃을 치는 게….
마구로	아니, 내 프레이즈 버스트는 데미지도 별로 안 늘어나고, 일단 써놓는 식의 효과니까 괜찮을 거야.
루이	그런거였나.
마구로	프레이즈 버스트 「체이스 라운드(追鳴, 추명)」. 「자신감 상실」을 프레이즈 공격하겠어.
GM	하세요.
마구로	(주사위 굴림) 성공! 데미지 20점.
GM	격파네요. 멋집니다.
오토야	마구로는 담담하게 하네.
마구로	드럼은 흔들리지 않는 게 가장 중요하니까. 명경지수 같은 마음이라는 거지.

메리트는 별로 없지
「인터넷 유명인」은 라운드 종료 후에 PC의 【컨디션】을 감소시키는 효과이기 때문에 라운드 동안 【컨디션】을 다 써버리면 효과는 없는 거나 마찬가지가 된다.

139

루이	그런 건가?
마구로	**아님 말고.**
오토야	아님 말고냐고.
GM	마구로가 「체이스 라운드(追鳴, 추명)」를 사용했기 때문에 제3 라운드 종료 후에 추가로 공격할 수 있게 됐습니다.
오토야	엄청 중요하잖아.
GM	라이브에서 곡이 끝날 때 드러머가 **드럼을 난타**하는 걸 본 적 있나요?
오토야	아~. 두구두구두구두구챙챙챙채앵! 같은 거.
GM	바로 그겁니다.
루이	과연. 그래서 제3 라운드에 쓰면 쎈 건가.
오토야	곡이 끝났을 때 치는 거니까 말이지.
GM	단, 추가로 할 수 있는 것은 일반 공격 뿐이고, 【컨디션】도 사용할 수 없다는 점에 주의하시기 바랍니다.
알칼리	그렇구나. 있는 힘껏 때릴 순 없는 거구나.
마구로	가사 같은 것도 없으니까.
GM	그런 거지요.
루이	그럼 다음은 내가….
오토야	아니, 내가 할게. 루이는 마지막이잖아.

아님 말고
칸사이 사람이 쓰는 기초 마법. 말의 신빙성을 팍 떨어트리는 효과가 있다.

드럼을 난타
'필인'이라고 부르는 테크닉으로 드럼 엔딩을 하는 것. 아무렇게나 치는 것처럼 보여도 실제로는 상당한 연습이 필요하다.

루이	어.
오토야	소마와 마지막으로 매듭짓는 걸 루이 외에 누가 한단 말야?
알칼리	맞아맞아.
루이	**너무 부담되는 걸…** (웃음) 알았어. 부탁할게.
오토야	맡겨 둬. 타깃에게 프레이즈 버스트 「스트라토 샤우트(天唱, 천창)」!

너무 부담되는 걸…
명장면을 양보하는 건 좋은 일이지만, 너무 부담을 주면 주사위를 굴릴 때 배가 아파지기도 한다.

  곡이 끝나가고 있었지만, 멤버들의 기분은 점점 고조되기만 한다.

  오토야는 물어뜯을 것 같은 기세로 마이크를 쥐고 짐승처럼 울부짖는다.

오토야	이 노래에 모든 【컨디션】을 쏟아붓겠어!
마구로	해치워버려 오토야!
오토야	(주사위 굴림) 판정은 성공! 대미지 간다!

  대미지 결정 주사위는 7D6.
  플레이어 모두가 지켜보는 가운데 **두 손에 가득 쥔 주사위**를 테이블에 쏟듯이 굴렸다.

두 손에 가득 쥔 주사위
손안에서 주사위를 달그락거리는 건 진짜 즐겁다.

오토야	우오오오오 (주사위 굴림)… 【컨디션】 등 이것저것 다해서 39!
일동	오오오!
루이	대미지 엄청 나왔는데!

오토야	아직 안 끝났어!
마구로	뭐야뭐야.
오토야	작전 「이모션」 발동. 소마에 대한 【인연】 2점을 소비해서 추가로 4D6점!
마구로	"진짜 대단하잖아!"
루이	"저 녀석의 목은 신인가?!"
오토야	간다! (주사위 굴림) 17! 합계 56점!
일동	(엄청 달아오른다)
GM	DP는 앞으로 45점 남았습니다.
마구로	"좋았어. 마무리다, 루이!"
오토야	"울리고 와."
루이	"알았어. 잘 봐둬, 소마. 이게 나의 진심이다!" 프레이즈 버스트 「모멘트 킬러(隙殺, 극살)」!

　마지막 사비에 들어가기 직전, 기타와 키보드 소리가 뚝하고 멈췄다.

　그 틈에 베이스 솔로를 꽂아넣는다.

　겨우 몇 **소절**(小節). 시간을 따지면 2~3초 정도인 짧은 솔로.

　하지만 마치 발도술처럼 라이브 하우스를 둘로 베어가르기엔 충분하고도 남는 시간이었다.

소절
역주: 루이의 성인 코부시와 같은 한자

루이	(주사위 굴림) 판정은 성공! 대미지는 (주사위 굴림)… 24점.
GM	DP는 앞으로 21점 남았네요.
루이	아직이야! 나도 「이모션」이니까!
GM	맞다. 선라이트 샤우트는 「이모션」 군단이었지.
루이	소마에 대한 【인연】을 2점 소비해서 +4D6점! (주사위 굴림) 13.
GM	나머지 8점!
오토야	못 끝냈어!
알칼리	조금만 더!
루이	하지만 이 이상 대미지를 늘릴 수는 없나….
마구로	"긴장 늦추지 마, 루이. 끝까지 제대로 안 할래?"
루이	"리더…?"
마구로	루이에 대한 【인연】을 소비해서 「이모션」.
GM	「이모션」 군단이었어!

루이는 스테이지 위에서 소마에게 손을 뻗는다.

앞으로 조금만 더하면 소마의 마음을 굴레에서 벗어나게 만들 수 있을 거라는 확신이 든다.

"닿으라고! 제발 닿아줘!"

소마도 자연스레 손을 뻗어온다.

이윽고 그 손끝은, 마침내 사람의 체온과 맞닿았다.

루이	(주사위 굴림) 8!
일동	오오오!
GM	DP를 딱 맞게 줄였습니다. 여러분의 승리입니다. 축하드립니다.
일동	됐어!
GM	연주가 끝나고, 「소리가 보여주는 광경」이 사라져 갑니다. 여러분의 의식은 점점 현실로 돌아옵니다.
마구로	"안되겠어. 너무 즐거워서 잠시 정신이 나갔네."
알칼리	"이게 밴드의 연주구나…."
루이	나는 연주를 내팽개치고 소마의 손을 잡는 환각을 봤어.
오토야	빡 왔네.
루이	너도 라이브 중에 이쪽에다가 소리쳤잖아.
GM	자 그래서… 소마 말입니다만.
루이	그래. 소마는 어쩌고 있어?
GM	소마는 어느샌가 객석의 맨 앞, 루이 바로 앞에 있습니다.
마구로	닿은 모양이네.

오토야	이걸로 안 닿았으면 진짜 주먹이라도 날리는 수밖에 없잖아.
알칼리	그만두자~.
GM	그는 자기도 모르게 맨 앞까지 와버린 모양입니다.
루이	…다행이다.

루이는 스테이지 위에서 소마에게 살며시 손을 내민다.
소마도 자연스레 손을 마주잡는다.
루이는 그 손을 강하게 붙잡고서 입모양만으로 한 마디 말했다.
'어서와.'
그날, 루이는 처음으로 소마가 우는 모습을 볼 수 있었다.

에필로그

라이브는 예상보다 훨씬 좋은 분위기를 보여주었다.

누구도 모르는 밴드의 첫 라이브로서는 이 이상 잘할 수는 없을 것이다.

선라이트 샤우트의 멤버들은 라이브 뒤에도 잠깐 방심하고 있었다.

결국 통금 시간 탓에 뒷풀이도 제대로 못하고 그날은 해산하게 됐고… 다음날.

GM	자, 이제 에필로그입니다.
마구로	뭐할까. 부활동이니까 부실로… 아, **부실은 없어졌지**.
GM	아 참. 그러면… 복도에서 아시야 선생님이 마구로에게 말을 겁니다.
마구로	"아시야잖아. 뭔 일?"
아시야(GM)	"선생님이라고 불러라 이놈아."
마구로	"에이, 괜찮잖아. 나랑 선생님 사이니까."
알칼리	멋대로 부활동 고문 선생님으로 끌어들인 사이.
루이	거의 택배기사 같은 걸로 위장 침입하는 강도나 다름없지.
마구로	적어도 **매달리는 여자** 정도로 해줄래?

부실은 없어졌지
GM의 말 한 마디에 불 속으로 사라졌다.

매달리는 여자
이런 말을 할 정도의 정성을 보인 적은 없다. 보여도 문제지만.
(역주: 원문은 押しかけ女房. 남자에게 억지로 매달려서 아내가 되려는 여성을 의미하는 일본의 관용구)

오토야	그 자신감은 대체 어디서 나오는 거야.
마구로	"그러고 보니 라이브는 어땠어?"
아시야(GM)	"뭐, 그날 회장에서도 말했다만 괜찮았다."
마구로	"말했던가?"
아시야(GM)	"기억 안 나는 거냐. **너희들 모두 묘하게 멍 때리고 있었으니**까 못 들은 것 같았다만."
마구로	"그런가. 괜찮았구나. **나는 잘 모르겠어.** 그게 괜찮았는지 어땠는지."
아시야(GM)	"그런 거냐? 뭐, 적어도 부끄러워할만큼 못하진 않았다고 생각한다."
마구로	"고마워. 근데 무슨 일?"
아시야(GM)	"아 그랬지. 너희 이번 일로 부활동 실적이 생겼잖냐. 그래서 새로운 부실 확보가 좀 수월해졌다."
오토야	"진짜냐!"
GM	갑자기 나왔다.
오토야	아시야의 말을 듣고서 자기도 모르게 튀어나왔다.
아시야(GM)	"그래. 너희들의 진정성도 이번 라이브로 잘 알게 됐다."
알칼리	알아줬구나.
오토야	불량교사는 아니었네.

너희들 모두 묘하게 멍 때리고 있었으니
「소리가 보여주는 광경」에서 벗어나지 못한 걸 수도 있고, 단순히 피곤해서였을 수도 있다. 어느 쪽이든 간에 그건 머릿속을 새하얗게 만들 정도로 기분 좋은 일이었다.

나는 잘 모르겠어
단 한 사람에게 전해주고 싶었던 소리. 그걸 주변에서 어떻게 평가했을지… 그 판단을 하기에는 마구로도, 선라이트 샤우트도 아직 경험이 부족한 걸지도 모른다.

GM	약간 의욕이 없을 뿐, 학생을 잘 생각해주는 선생님입니다.
루이	라이브 때도 얼굴 비춰줬고.
아시야(GM)	"뭐, 나도 할 수 있는 건 하마. 너희들도 힘내라."
마구로	"우리의 진심을 알아줬다면 부활동도 매일 나와 줄 거야?"
아시야(GM)	"그럴 맘이 생기면 그러마."
루이	안 오는 패턴이네.
알칼리	안 바뀌었네.
아시야(GM)	"어쨌든 부실은 나한테 맡겨라. 며칠 안으로 확보해볼 테니."
마구로	꽤 하잖아, 아시야.
GM	아시야는 그렇게만 말하고서 나른한 걸음으로 떠나갑니다.
마구로	"다음에는 불타지 않는 곳으로 해줘." 라고 말해.
GM	아시야는 웃으며 **"바보 같은 녀석."**이라고 답하며 그대로 교무실로 돌아갑니다.
오토야	"그럼 우리도 알칼리 집에 갈까."
마구로	"어, 그래야지."
GM	그곳에는 루이와 알칼리도 와있는 걸로 할까요.

바보 같은 녀석
아시야는 마지막까지 "너희가 기자재를 잘못 관리해서 불이 난 거 아니냐?"라는 말은 한 번도 안했다.

루이	"오, 왔네."
알칼리	"어서와~."
마구로	"다녀왔어."
루이	여긴 대체 누구집이야?
GM	아무튼 그렇게 잠시 동안 빈둥거리며 얘기하고 있으면 알칼리 하우스의 벨이 울립니다.
알칼리	"누구지. 잠깐 나가볼게."
GM	현관문 앞에는 소마가 있습니다.
알칼리	"스즈나리 군이네."
루이	후다다닥 "소마?!"
마구로	너, 소마를 너무 좋아하는 거 아냐?
소마(GM)	"아, 그게… 아시야 선생님한테 물어봤더니 모두 여깄다고 해서…."
알칼리	"그렇구나. 언제든지 와도 되니까."
소마(GM)	"저기, 나, 곡을 써왔는데…."
오토야	"곡?"
소마(GM)	"응. 너희 연주를 듣고 나니까 쓰고 싶어져서."
마구로	"…이틀만에 썼다고?"
오토야	"하하, 그랬지 참. 넌 그런 애였지."
소마(GM)	"들어줄래?"

루이	"물론이지. 바로 듣고 싶어."
GM	소마가 스마트폰의 재생 버튼을 누릅니다.

스마트폰에서 가사 없는 샘플 음원이 흘러나옵니다.

기세 좋은, 질주감이 넘치는 록 비트.

듣고 있는 동안에 가슴속에서 뜨거운 것이 북받쳐 오른다.

며칠 전, 패밀리 레스토랑에서 들었던 음원과는 비교도 할 수 없는 만듦새였다.

"아직 가사도 제목도 없지만… 어떤 이름이 좋을까?"

소마의 질문에 오토야는 웃으며 답했다.

"『스트라토 샤우트』같은 건 어때?"

『스트라토 샤우트』는

오, 어서와.

손님이신가? 미안한데 오늘 라이브 일정은…

아, 라이브 장소를 미리 보러 온 건가? 그렇다면 자네도 밴드맨이군. 라이브 하우스 비브라(VIBRA)에 잘 왔네.

나는 오지마(王島). 이 라이브 하우스의 점장이지. 오늘은 라이브가 없어서 지금부터 친구들이랑 여기서 TRPG라도 할까 하던 참이야.

괜찮으면 자네도 같이 해보지 않겠나? 『스트라토 샤우트』라는 밴드를 다루는 규칙인데, 분명 마음에 들 걸세.

콜라라도 가져올 테니 그쪽에 앉아있으라고.

1 TRPG란?

흠… 정말 여러 종류가 있으니까 설명하기 어렵군.

예를 들면… 어느 날 자네가 모르는 곳에서 길을 잃었다 치지. 자넨 어떻게 행동할 건가?

여기서는 가령 지나가는 사람한테 길을 물어본다고 하자고.

그러면 질문받은 상대는 자네한테 길을 알려준 다음에 이렇게 덧붙이지. "이곳 사람이 아니네. 이 주변은 괴물이 출몰하니까 밤이 되기 전까지 건물 안에 있어야 해…" 어때? 두근거리지 않나?

대강 말하자면 TRPG라는 것은 이렇게 여러 명이서 대화를 나누며 이야기를 만드는 게임이라는 거지.

2 구체적으로는 뭘 하는 거야?

우선 자네가 움직이는 캐릭터를 만들어야 하네. 움직인다고 해도 컨트롤러나 터치패널 같은 건 없어. 그 캐릭터는 참가자의 상상 속 세계에서 살아가니까 말이야.

　그 캐릭터는 자네가 "노래한다."고 선언하면 노래하고, "하늘을 난다."고 선언하면 날아오르지. 행동에 한계는 없어. 굳이 말하자면 자네의 상상력이 한계라고 할 수 있지.

　그래서 다시 말하면, 자네는 '캐릭터 시트'라고 하는 시트에 자기가 움직이는 캐릭터의 설정을 써넣어야 하네.

　캐릭터가 완성되면 드디어 게임 시작이야.

　자넨 플레이어로서 캐릭터의 행동을 선언하고, 대사를 읊거나, 장면을 연출하는 등 자네만의 이야기를 만들게 되네.

　그리고 『스트라토 샤우트』에서는 이야기를 만드는 데에 작은 반전이 있다네. 바로 의외의 상황을 만들어내기 위해서 주사위를 굴리는 거지. 그 결과에 따라 이야기는 분기를 맞이하는 걸세.

　예를 들어 주사위를 굴려서 짝수가 나왔다면 자네의 캐릭터는 결혼한다... 이런 느낌이지. 그런 굴림을 반복하다 보면 누구도 상상하지 못했던 결말에 도달하는 일도 드물지 않아.

　대화로 이야기를 만들고, 주사위로 분기시킨다... 이것이 TRPG의 기본 구조라고 할 수 있다네.

3 처음인데도 괜찮아?

　누구나 처음은 있는 법이니 걱정할 필요는 없네.

　"익히기보다 익숙해져라."고 하지 않나? 『스트라토 샤우트』가 특히 그렇네. 이 규칙의 재미를 말로 설명하는 건 상당히 어려워. 다른 사람이랑 직접 같이 해보는 것이 가장 빠르지.

　하지만 자네가 다른 사람과 이 규칙을 처음 해본다면 몇 가지 요령은 있지.

　먼저 첫 번째로, 친한 친구끼리 해볼 것. 서로 잘 아는 사람들끼리 하면 좀 실패해도 웃으면서 할 수 있으니까 말이야.

　두 번째로, 경험자와 해볼 것. 아무것도 모를 때는 다른 사람이 재밌게 하는 모습을 보는 게 가장 큰 참고가 되겠지. "같이 하고 싶다."는 생각이 드는 사람을 찾으면 TRPG는 순식간에 재밌어진다네.

세 번째는... 이게 가장 중요하네.

완벽하게 하려고 하지 말게. 『스트라토 샤우트』에서는 누군가 눈치채지 않는다면 규칙 적용을 실수한 정도는 무시해도 돼. 또한, 게임 마스터(게임의 진행자)는 게임을 재밌게 하기 위해 규칙을 일부러 무시하거나, 변경해도 상관없어.

『스트라토 샤우트』에서는 완벽한 규칙 운용보다 게임의 재미가 우선된다는 점을 명심하는 게 좋을 걸세.

그럼 부담갖지 말고 대충 즐기게. 즐기는 게 가장 중요하니까.

4 뭐가 필요해?

우선 같이 할 사람을 모아야지. 이 규칙에서는 게임 마스터를 포함해 4~5명 정도 있으면 돼.

다음은 『스트라토 샤우트』 룰북. 이 표지 일러스트가 멋있는 책이 바로 그거야. 헤헤. 진짜 끝내주지?

그리고 주사위와 필기도구.

주사위는 3~4개가 필요해. 부족할 때는 다른 플레이어에게 빌려보면 될 거야.

필기도구는 샤프나 연필처럼 지우개로 지우고 쓸 수 있는 것이 좋아. 최근에는 그렇게 지우고 쓸 수 있는 볼펜도 있는 것 같은데, 그런 걸 쓰면 시트가 화려해져서 좋지.

그리고 『스트라토 샤우트』는 꽤 특수한 규칙이라서 말이야. 한 사람씩 형광펜도 쓴다네. 문장에 색으로 줄을 칠 수 있으면 색상 볼펜이나 색연필을 써도 되긴 하지.

다른 플레이어와 색상이 겹치면 구분하기 어려우니까 게임 마스터가 사람 수만큼 다른 색으로 준비하는 게 좋을 거야.

최근에는 ORPG(온라인으로 하는 TRPG)를 하는 경우도 많은데, 그쪽은 다양한 방법으로 할 수 있으니까 지금은 일단 생략하지.

만약 ORPG를 하게 된다고 하더라도, 기본적으로 게임 마스터의 지시에 따르면 문제는 없을 걸세.

5 『스트라토 샤우트』란?

그러고 보니 제대로 설명하지 않았군. 이것도 TRPG의 일종이라네.

참가자는 같은 밴드의 멤버가 되어 라이브에서 곡을 연주하게 돼. 하지만 라이브까지의 여정은 그렇게 간단하지 않아. 생각지도 못한 시련이 기다리고 있지.

게임을 하는 동안 캐릭터들은 라이브를 통해 어떻게든 음악을 전달하고 싶은 대상이 있지. 그 사람을 '타깃'이라고 부르네. 그리고 타깃은 '굴레'라고 하는 고민이나 문제를 품고 있어.

음악의 힘으로 타깃을 '굴레'에서 해방시켜 그가 나아갈 수 있게 밀어주는 것. 그게 바로 캐릭터의 사명이야.

6 굴레?

타깃은 모두 어떤 문제를 품고 있지. 고민, 불안, 자존심, 고정관념... 그 정체는 다양해. 『스트라토 샤우트』에서는 이러한 문제를 굴레라고 부르네.

예를 들면 좋아하는 사람이 있는데 용기를 내지 못한다거나, 졸업 후의 진로를 못 정하겠다거나... 또는 라이브 하우스의 관객이 안 늘어난다거나. 하하. 농담이니까 신경쓰지 말게.

굴레는 타깃을 뒤엎어서 그 마음을 닫게 하네. 자네들의 노래가 닿지 않도록 방해하거나, 부정적인 생각을 밴드 멤버에게 전염시키기도 하지.

하지만 자네들이 타깃의 마음에 다가가면 굴레는 약해져. 그러니까 자네들은 라이브가 시작될 때까지 타깃한테 접근하게 되는 걸세.

7 테이블에 가사를 쓴 종이가 나왔다!

『스트라토 샤우트』는 노래 가사를 쓴 종이... 가사 시트를 쓰는 TRPG일세.

자넨 음악을 들을 때 "이 노래는 날 표현하는 것 같아!"라고 생각한 적 없나? 가사가 마치 자신의 경험을 나타내는 것 같을 때, 그 노래는 그 사람에게 특별한 것이 되지.

자네는 플레이어로서, 일상에 찾아오는 다양한 장면을 가사의 프레이즈 한 줄로 나타내게 되는 걸세.

이걸 반복함으로써 노래의 의미는 깊어지고, 자네들의 마음이 담긴 최고의 메시지송으로 승화한다는 거지.

그렇게 의미를 담은 가사는 형광펜으로 줄을 그어둬.

이게 나중에 필살기 '프레이즈 버스트'를 사용할 수 있는 힘이 된다네.

8 프레이즈 버스트?

기본적으로 이 규칙의 세계에선 마법이나 초능력 같은 건 없어.

대강 그런 '기적'은 일으킬 수 없지.

프레이즈 버스트는 너희들의 악기가 일으키는 유일한 기적이라네.

그 효과는 다양한데, 악기의 소리로 굴레를 날려버리거나, 밴드 동료에게 활력을 불어넣을 수 있지.

이 필살기는 진짜 강력하네. 그래서 한 게임에 한 번밖에 못 쓰지. 그만큼 사용할 타이밍이 중요한데, 가능한 한 진가를 발휘할 수 있는 타이밍을 찾는 게 좋을 거야.

9 잘 알지도 못하는 악기를 하게 됐다

하하. 걱정할 필요는 없네. 괜찮아.

이 규칙은 하는 데 특별한 악기 지식이 필요하지는 않게끔 되어 있다네. 필요한 건 열정과 상상력이지.

정 뭐하다면 자네 스스로 상상의 악기를 만들어도 돼.

말하는 기타, 운석으로 만든 베이스, 전설의 드럼...

『스트라토 샤우트』라면 뭐든지 연주할 수 있지.

그렇지만 실제로 해본 적이 있는 악기라면 그 지식을 살려서 이야기에 현실감을 불어넣는 연출도 가능할 걸세.

다양한 방법으로 즐겨주게나.

10 모르는 노래가 나왔다...

그것도 걱정 안 해도 되네.

『스트라토 샤우트』를 할 때는 악기와 마찬가지로 노래에 관한 지식도 필요 없으니까 말이지.

그리고 그 노래를 모른다는 건, 노래의 가사를 정해진 관념 없이 새롭게 읽을 수 있다는 걸세. 어쩌면 그 누구도 생각해본 적 없는 자네만의 해석을 찾아낼지도 모르지.

하지만 만약 그 노래가 마음에 들었다면 꼭 음원을 사서 들어봤으면 하네.

음악은 일기일회라고 하거든. 여기서 놓친다면 다음에 언제 다시 만날 수 있을지 모르니까 말이야.

11 좋은 게임을 하고 싶어!

하하, 바로 그런 마음가짐이야.

참가자가 모두 그렇게 생각한다면 최고의 게임은 약속된 거나 마찬가지지. 나머지는 즐기기만 하면 되네.

참가자 중에 자네의 적은 없어. 모두 아군이고 협력자야.

하고 있는 이 장소가 바로 게임의 전부이고, 이곳에서 생겨난 것은 무엇보다도 옳아. 누가 뭐라해도 말일세.

자네가 그 점을 자랑스럽게 생각했으면 좋겠어.

그럼, 서두가 꽤 길었는데 이제 슬슬 시작해볼까.

자네와 함께 어떤 이야기를 만들 수 있을지 정말 기대되는군.

스트라토 샤우트

규칙 파트

시작하며

이 책은 이야기를 나누거나 주사위를 굴리며 이 세상에서 단 하나뿐인 이야기를 만드는 'TRPG'라는 게임의 규칙이 써있습니다.

게임 타이틀은 『청춘 밴드 TRPG 스트라토 샤우트』(이하 스트라토 샤우트)라고 합니다.

『스트라토 샤우트』에서는 플레이어가 이야기의 등장인물이 된 것처럼 행동을 선언하며 이야기를 만들어 갑니다. 이것을 롤플레이라고 합니다. 어떻게 롤플레이를 하는지는 리플레이 파트를 보면 참고가 될 것입니다.

『스트라토 샤우트』에서는 굿엔딩이나 배드엔딩이 존재합니다. 하지만 게임의 최종목적은 참가자 모두가 게임을 즐기고, '또 하고 싶다.'고 생각할만한 자리를 만드는 것입니다.

또한 이 규칙에서는 규칙으로서 정하지 않은 부분이 몇 가지 있습니다. 플레이어가 규칙 외의 행동을 하고 싶어할지도 모릅니다. 이 때 게임 마스터는 게임이 재밌어질 수 있도록 자유롭게 규칙을 변경, 무시, 추가할 수 있습니다.

규칙을 어떻게 적용해야 할지 망설여질 때 최종적인 결정권도 게임 마스터가 가지고 있습니다.

특별한 표기

이 책에서 나오는 다음 표기들은 특별한 의미가 있습니다.

nD6: 1~6의 눈이 나오는 주사위를 n개 굴려 그 합계치를 구합니다. 예를 들면 1D6이라면 주사위를 1개 굴려 그 눈의 값을 사용합니다. 2D6이면 주사위를 2개 굴려 그 눈들의 합계치를 사용합니다.

스트라토 샤우트

D66: 1~6의 눈이 나오는 주사위를 2개 굴려 작은 쪽의 눈을 10의 자리, 큰 쪽의 눈을 1의 자리로 봐서 11~66의 수를 구합니다. 주사위를 굴리는 특수한 방법입니다.

【 】: 게임적으로 특수한 데이터임을 의미합니다. 캐릭터의 스킬, 인연, 컨디션 등에 사용됩니다.

《 》: 캐릭터가 가진 특기를 의미합니다. 특기는 가치관, 신체, 모티브, 정서, 행동, 역경의 여섯 분야로 나뉘어 있습니다. / 뒤에 숫자가 붙어있는 경우 특기의 자리를 나타냅니다.《노래/모티브7》이라면 노래라는 특기는 모티브 분야의 7번임을 의미합니다.

[ ]: 계산식을 의미합니다. 『스트라토 샤우트』에서는 계산 결과 소수가 나온 경우, 특별히 명시되지 않았다면 소수점 이하는 버립니다.

세션: 『스트라토 샤우트』를 하는 게임 한 번을 이렇게 부릅니다. "세션 한다."고 하거나, '1세션, 2세션' 같이 단위처럼 쓰기도 합니다.

GM: 게임 마스터의 줄임말입니다. 시나리오 준비, 게임 진행, 규칙의 심판, NPC(후술)의 롤플레이 등을 하는 게임 참가자입니다. 플레이어와 협력관계입니다.

플레이어: 상상 속의 캐릭터를 움직이고 게임 마스터가 준비한 시나리오에 따라 이야기를 만드는 게임 참가자입니다. 게임 마스터와 협력관계입니다.

캐릭터: 게임에 등장하는 가상의 인물입니다. 플레이어는 자신의 전용 캐릭터를 제작하고 게임에 참가합니다.

PC: 플레이어 캐릭터의 줄임말입니다. 플레이어가 다루는 캐릭터를 가리킵니다. 이 책에서는 밴드 멤버를 말합니다.

NPC: 논플레이어 캐릭터의 줄임말입니다. 기본적으로는 GM이 행동을 결정하는 캐릭터입니다.

게임에 필요한 것

룰북: 이 책입니다. 최소 한 권은 필요합니다. 참가자가 각각 한 권씩 가지고 있으면 진행이 편해집니다만 필수는 아닙니다.

각종 시트: PC의 데이터가 기입된 캐릭터 시트와 하는 방법을 간단하게 요약한 룰 서머리는 플레이어 수만큼 인쇄해둡니다. 시나리오 시트와 가사 시트는 한 장씩 준비합니다.

주사위: 6면체 주사위를 참가자마다 3개 이상 준비합니다. 부족하면 다른 참가자에게 빌리도록 합시다.

형광펜: 플레이어마다 다른 색상을 1개씩 준비합니다. 사람 수만큼 다른 색으로 줄을 그을 수 있다면 볼펜이나 색연필 등을 대신 써도 됩니다.

캐릭터

여기서부터는 플레이어가 자신의 전용 캐릭터를 만들기 위해 필요한 규칙을 다룹니다.

『스트라토 샤우트』의 PC들은 모두 같은 밴드에 소속된 멤버들입니다.

플레이어는 표지 안쪽에 인쇄된 캐릭터 시트를 복사해서 자신의 캐릭터 시트를 준비합시다. 공식 웹사이트에도 있으므로 그것을 다운로드해서 인쇄해도 됩니다.

시트가 준비되면 지금부터 설명하는 규칙에 따라 PC 데이터를 제작하고 기입해주십시오.

1·01 경위

PC가 어떻게 밴드에 가입하게 되었는지를 정합니다.

이것을 캐릭터의 【경위】라고 합니다. 규칙상 유불리 같은 영향은 없는 항목이지만, 캐릭터의 과거를 구체적으로 정함으로써 롤플레이의 단서가 될 것입니다.

우선 다음 규칙에 따라 「가입 순서」를 정한 다음, 구체적인 【경위】를 정합시다.

1·01·01 가입 순서 결정

플레이어는 각자 1D6을 굴립니다. 이때 나온 눈이 작은 PC부터 순서대로 밴드에 가입한 것으로 봅니다. 같은 눈이 나온 PC는 동시에 가입한 것입니다.

가장 작은 눈이 나온 PC는 이 밴드의 창립자입니다.

창립자는 일시적으로 밴드 리더이기도 하지만, 캐릭터 제작 결과 리더에 어울리지 않는 창립자라면 다른 PC를 리더로 지명할 수 있습니다. 자세한 것은 「4·03 리더 위임」을 참조해주십시오.

참고로 리더라고 해서 특별한 권한이 있는 것은 아닙니다. 롤플레이 등에 활용하시기 바랍니다.

1·01·02 경위 표

플레이어는 경위 표를 사용해서 【경위】를 정할 수 있습니다. 1D6을 굴리고 나온 눈에 대응하는 항목을 참조합니다. 창립자는 창립자 경위 표를 사용해주십시오.

【경위】는 표에서 고르거나, 아니면 자기가 직접 생각해서 정해도 상관없습니다.

창립자 경위 표

경위		상세
1	따분함	당신은 따분한 나날에 질린 나머지 밴드를 시작했다. 악기 경험은 전혀 없거나, 예전에 좀 쳐본 정도이다.
2	이별	당신이 만든 밴드가 해산되거나, 또는 그 밴드에서 쫓겨났다. 음악을 그만두고 싶지 않았던 당신은 다른 밴드 멤버를 모았다.
3	동경	당신은 진심으로 밴드를 동경해왔다. 나도 열광과 열정의 중심에 서고 싶다. 그런 마음을 가진 당신은 매일같이 악기를 연습했고, 밴드 멤버를 찾기 시작했다.
4	은혜	당신은 어느 밴드의 음악 덕분에 절망의 심연 속에서 구원받았다. 당신은 그 밴드에게 감사를 전하고 싶어서, 또는 다른 누군가를 구하기 위해 밴드를 만들기로 결심했다.
5	만남	당신은 어느 만남 덕분에 밴드를 하기로 결심했다. 그 만남은 당신의 운명을 바꿔버렸다. 다음은 당신이 누군가의 운명을 바꿀 차례이다.
6	무기	당신은 현실을 도피하기 위해서, 또는 저항수단으로서 밴드를 시작했다. 당신에게 음악이란 마법이나, 마법으로 보이는 잔혹한 무언가일 것이다.

경위 표

경위		상세
1	불가피	당신은 어쩔 수 없는 사정 때문에 밴드에 가입하게 되었다. 부활동이나 사무소에서 강제로 가입시켰다던가, 또는 허세를 부리며 "해주겠어."라고 말해버렸던가...
2	기연	당신은 신기한 인연에 이끌려 본 적도 없는 밴드에 가입하게 되었다. 주된 이유로는 착각이나 우연 등이 있다.
3	발견	당신은 전부터 밴드를 하고 싶다고 생각했고, 드디어 멤버를 모집하는 밴드를 발견했다. 그 밴드가 이상적인 곳인지, 아니면 타협의 대상인지는 아직 모른다.
4	신앙	당신은 어느 밴드의, 아니면 어느 밴드의 특정 멤버의 팬이었다. 그 사람이 멤버를 모집하고 있다는 사실을 알게 된 당신은 가만있지 못하고 밴드에 들어갔다.
5	직감	당신이 어떻게 밴드 멤버가 되었는지는 아무도 모른다. 당신을 스카우트한 멤버는 "'이 녀석밖에 없다'고 딱 직감이 왔지."라고 말했다.
6	천재	당신의 비할 데 없는 재능에 매료된 멤버가 당신을 스카우트했다. 그 멤버가 당신의 재능을 꿰뚫어 봤거나, 아니면 이미 당신은 명성이 있었을지도 모른다.

163

1·02 **악기**

PC가 밴드에서 담당하는 【악기】를 정합니다.

이 책에서는 「보컬」, 「기타」, 「베이스」, 「키보드」, 「드럼」 중에서 하나를 선택할 수 있습니다.

플레이어끼리 상의하면서 각자 담당할 【악기】를 정합니다.

GM과 플레이어가 동의한다면, 같은 【악기】를 여러 명이 담당해도 됩니다. 상상 속의 밴드이니 가령 드럼이 4명인 밴드로도 감정이 느껴지는 멋진 음악을 연주할 수도 있을 것입니다.

166p부터는 각 【악기】에 대해서 구체적으로 소개합니다.

각 페이지에는 【악기】의 설명, 【악기】의 이미지 일러스트, 프레이즈 버스트가 각각 실려 있습니다.

1·02·01 **악기 설명**

【악기】가 『스트라토 샤우트』의 세계에서 어떤 역할을 맡고 있는지, 어떤 기능을 가지고 있는지... 그런 기본적인 설명을 합니다.

1·02·02 **악기 이미지 일러스트**

【악기】의 외견상 예시를 일러스트로 소개합니다.

1·02·03 **프레이즈 버스트**

【악기】 고유의 강력한 필살기입니다.

PC는 【악기】를 정할 때, 【악기】에 대응하는 프레이즈 버스트도 습득합니다.

모든 프레이즈 버스트는 세션에 1번만, 라이브 페이즈에서 자신의 차례에 사용할 수 있습니다.

프레이즈 버스트를 2개 이상 습득할 수는 없습니다.

1·02·04 악기 트러블 표

【악기】마다 발생하기 쉬운 트러블을 표로 제공합니다. 플레이어가 펌블이 나왔을 때의 연출 등에 사용할 수 있습니다.

1·02·05 악기 연출

플레이어는 【악기】의 외견, 기능, 연주법 등을 연출할 때 이 책의 설명이나 일러스트, 물리적 현상이나 기타 등등을 무시해도 됩니다.

또한 『스트라토 샤우트』는 【악기】를 연출할 때 과한 리얼리티를 추구하는 것을 권장하지 않습니다.

【악기】 연출에 대한 결정권은 【악기】를 담당한 플레이어에게 있으며, 최종결정권은 GM에게 있습니다.

1·02·06 악기 위력

그 【악기】가 가진 소리의 공격력입니다.

캐릭터 제작 시의 악기 위력은 어느 【악기】든 2D6점입니다.

1·02·07 기량

PC가 얼마나 【악기】를 잘 다루는지를 나타냅니다.

캐릭터 제작 시의 【기량】은 1점입니다.

【악기】

보 컬

VO.

밴드의 가창 담당입니다. 악보 등에서는 「Vo.」라고 줄여서 씁니다.

가창을 담당한다면 누구든 보컬을 선택할 수 있습니다.

노래의 주요 가사를 담당하는 메인 보컬(역주: 밴드를 대표하는 보컬이라는 의미로 리드 보컬이라고도 부름. 한국에서는 리드 보컬과 별개로 가장 가창력이 뛰어난 멤버를 메인 보컬이라고도 한다) 외에, 가사를 분담하거나 코러스를 담당하는 서브 보컬 등도 이【악기】를 선택할 수 있습니다.

기타를 치며 노래하는 보컬은 보컬 겸 기타라고 불립니다. 물론 이런 경우도【악기】로서 보컬을 선택할 수 있습니다.

보컬은 마이크를 통해 노래를 부릅니다. 일반적인 라이브 하우스에서는 음질 저하를 방지하기 위해 엉덩이 쪽으로 선을 연결하는 유선 마이크를 주로 씁니다.

보컬의 특징은 뭐니 뭐니 해도 무대 한가운데서 노래하는 존재감 그 자체입니다.

물론 좋기만 한 것은 아닙니다. 조금만 실수해도 눈에 띄고, 밴드 전체의 이미지를 좌우하기 때문에 항상 적잖은 압박을 받게 됩니다.

하지만 공연장의 분위기를 쥐고 있는 것은 보컬이라고 해도 과언이 아닙니다. 당신이 마음속에서 자아낸 멜로디는 분명 관객들의 마음에 울릴 테지요.

또한 보컬은 노래만 하는 것이 아닙니다. 보컬은 밴드에서 가장 퍼포먼스 지향적인【악기】이기도 합니다. 가사를 애드리브로 바꾸거나, 간주를 이용해서 메시지를 전하는 등의 마이크 퍼포먼스들도 공연장의 분위기를 한껏 끌어올릴 것입니다.

보컬 트러블 표

	트러블
1	가사를 까먹어버렸다! 아무 말도 나오지 않아...
2	마이크선에 발이 걸리고 말았다! 위험해!
3	마이크 스탠드가 쓰러져버렸다!
4	음정이 안 맞게 됐는데 다시 잘 부르지 못하겠어!
5	박자가 안 맞는 것 같은데... 못 맞추겠어!
6	목이 말라서 갈라질 것 같아. 무리가 가지 않게 잘해야...!

Phrase Burst Vocal

프레이즈 버스트

스트라토 샤우트
천창

대상에게 프레이즈 공격과 같은 대미지를 준다. 이 대미지는 현재 무력화된 굴레 1개당 2D6점 오른다.

대기를 떨리게 할 정도로 혼이 담긴 열창. 이미 이 우주에 노래소리가 닿지 않는 곳은 없다.

【악기】
기 타
Gt.

밴드의 기타 담당입니다. 악보 등에서는 「Gt.」라고 줄여서 씁니다.

기타를 담당한다면 누구든지 기타를 선택할 수 있습니다.

주선율을 담당하는 리드 기타 뿐만 아니라 특정한 리듬을 새기는 리듬 기타 등도 이【악기】를 선택할 수 있습니다.

근년에는 현의 진동을 전기 신호로 변환하는 일렉트릭 기타(통칭 '일렉기타')를 사용하는 밴드도 많아졌지만, 전기 신호를 쓰지 않는 어쿠스틱 기타(통칭 '통기타')도 탄탄한 지지층을 가지고 있습니다.

기타에 쓰는 현은 보통 6현이 기본이지만, 7현, 8현, 10현, 12현 등의 다양한 기타들도 있습니다.

기타는 왼손으로 넥이라고 불리는 긴 부분을 받치면서 현을 눌러서 음정을 조정하고, 오른손으로 현을 튕기며 소리를 냅니다.

연주법은 크게 오른손에 피크라고 하는 작은 삼각형 조각으로 현을 튕기는 '플랫 피킹(또는 피킹)'과 그냥 손가락으로만 연주하는 '핑거 피킹(또는 핑거링)'으로 나뉩니다. 일렉 기타는 피킹이 일반적이지만, 때에 따라서는 핑거링이 적절한 경우도 있으므로 어느 한쪽이 우수하다고는 할 수 없습니다.

일렉 기타의 경우 음색을 바꿔주는 다양한 장치들이 있습니다. 바디의 브릿지(하현주)에 쓸 수 있는 '트레몰로 암'이나 사용할 픽업(현의 진동을 전기 신호로 변환하는 부품)을 변경하는 스위치인 '픽업 셀렉터', 기타리스트가 발밑에 페달보드의 형태로 모아놓고 쓰는 '이펙터' 등이 그런 장치들입니다. 각각의 효과는 여기서는 생략합니다. 궁금하다면 인터넷 등에서 찾아보시기 바랍니다.

라이브 종료 후에 피크를 객석에 던지는 퍼포먼스 같은 것도 자주 볼 수 있습니다. 멋지게 스테이지를 퇴장하고 싶은 사람에게 추천합니다.

Phrase Burst Guitar

프레이즈 버스트
현어 (코드 토커)

일반 공격의 대미지를 산출한다. 【지배력】이 이 대미지 이하인 굴레를 [현재 라운드]개까지 골라서 모두 무력화한다.

감정을 실은 기타 사운드는 입으로 말하는 것보다 더 확실하게 타깃에게 말을 전한다.

기타 트러블 표

	트러블
1	큰일났다. 코드를 틀렸어! 어떻게 얼버무려 보자...
2	윽, 실드(앰프에 연결하는 실드 케이블)가 빠졌어! 소리가 안 나와!
3	기타 소리에 노이즈가 낀 것 같은데... 좀 고쳐져라...!
4	어라? 지금 곡의 어느 부분이었지...?
5	현이 끊어져버렸어! 너무 불길한데...
6	피크가 날아가버렸어! 핑거링으로 칠 수밖에...!

【악기】
베이스 Ba.

밴드의 베이스 담당입니다. 악보 등에서는 「Ba.」라고 줄여서 씁니다.

베이스는 악곡의 저음을 담당하는 파트입니다. 베이스를 담당하고 있다면 누구라도 베이스를 선택할 수 있습니다.

베이스의 현은 저음을 내기 위해서 기타보다 굵고 길이(스케일)도 깁니다. 따라서 기타보다 약간 큰 디자인이 자주 보입니다.

베이스는 현의 진동을 전기 신호로 변환하는 일렉트릭 베이스(통칭 '일렉 베이스')와 전기 신호를 쓰지 않는 어쿠스틱 베이스(통칭 '통베이스')가 있습니다. 베이스 기타의 원조이며 클래식이나 재즈에서 쓰이는 콘트라베이스(콘트라바스)라는 것을 쓰는 밴드도 있습니다.

일반적으로는 4현 베이스를 쓰지만, 5현, 6현, 7현, 8현, 10현, 12현 베이스도 있습니다.

베이스는 왼손으로 넥이라는 긴 부분을 잡고 현을 눌러 음정을 조절하면서 오른손으로 현을 쳐서 소리를 냅니다.

베이스도 기타와 마찬가지로 플랫 피킹과 핑거 피킹이 있습니다. 일렉베이스는 핑거 피킹으로 치는 경우가 많이 보입니다. 하나의 곡에서 두가지 주법을 바꿔가며 치는 아티스트도 있습니다.

그 외에 특기할만한 주법으로 '슬랩(초퍼)'이라는 것이 있습니다. 손목의 회전을 이용해서 엄지로 현을 치는 '섬핑'과 검지나 중지로 현을 당기듯이 치는 '풀링'을 조합한 주법은 베이스의 소리를 보다 날카롭고 리드미컬하면서 강렬하게 만듭니다.

베이스의 중저음은 관객이나 회장을 떨리게 하며 흔듭니다. 이것은 결코 비유하는 표현이 아니라 물리적으로 흔들리게 됩니다. 아무리 귀를 막더라도 드르르 떨리는 소리가 몸 전체를 맴돌게 됩니다.

몸으로 소리를 듣는 【악기】라고 해도 과언이 아닐 테지요.

Phrase Burst Bass

프레이즈 버스트

모멘트 킬러
극살

대상에게 [[【악기 위력】+【기량】+
(이 판정에 소비한 【컨디션】D6)]점의
대미지를 준다.

타인을 위해 남몰래 해왔던 노력이
한순간에 빛을 발하는 혼신의 베이
스 솔로. 그 저음은 칼날이 되어 그
저 몇 소절만으로 마음의 벽을 가
른다.

베이스 트러블 표

	트러블
1	큰일났다. 코드를 틀렸어! 어떻게 얼무려 보자...
2	윽, 실드(앰프에 연결하는 실드 케이블)가 빠졌어! 소리가 안 나와!
3	베이스 소리에 노이즈가 낀 것 같은데... 좀 고쳐져라...!
4	어라? 지금 곡의 어느 부분이었지...?
5	손끝의 감각이 마비되기 시작했다. 안 움직여...!
6	템포가 빨라지기 시작했는데 멈출 수가 없어!

171

【악기】
키 보 드
Key.

밴드의 키보드 담당입니다. 악보 등에서는 「Key.」라고 줄여서 씁니다. 키보드는 건반 악기로 불리는 종류의 파트입니다. 키보드를 담당한다면 누구라도 키보드를 선택할 수 있습니다.

키보드 중에는 신시사이저 기능을 가진 것도 있습니다. 밴드 키보드는 대부분이 신시사이저가 내장된 것이겠지요. 신시사이저는 소리를 전자적으로 합성하는 악기입니다. 녹음한 음색을 이용할 수도 있습니다. 간단히 말하자면 "어떤 소리도 낼 수 있는 악기"입니다.

신시사이저로 만든 음색을 키보드에 설정하면 그 소리를 낼 수 있습니다. 타악기의 소리를 설정하면 드럼처럼 연주할 수도 있습니다. 사람의 목소리를 설정하면 코러스를 연주할 수도 있는 것입니다.

이러한 특징 덕분에 키보드는 주로 다른 악기가 낼 수 없는 소리를 담당합니다. 키보드가 있는 밴드는 없는 밴드에 비해 음색의 폭이 넓어서 다양한 곡을 연주할 수 있게 될 테지요.

신시사이저 중에는 시퀀서라는 기능을 탑재한 경우도 있습니다. 이것은 미리 준비해둔 멜로디를 트는 기능입니다. 이 기능을 쓰면 바이올린이나 트럼펫 소리를 백(백그라운드)으로 트는 오케스트라풍의 곡이나 클럽 뮤직스러운 반주에 맞춘 테크노풍 곡... 같은 것도 연주할 수 있게 됩니다. DJ가 이 포지션을 담당하는 밴드도 많은 듯합니다.

또한 키보드는 다른 악기에 비해 몸의 움직임이 적고, 퍼포먼스에 적합합니다. 코러스를 넣거나 연주 사이에 손장단을 치거나. 라이브 스테이지를 고조시켜봅시다.

키보드 트러블 표	
	트러블
1	손끝의 감각이 마비되기 시작했다. 안 움직여...!
2	볼륨 슬라이드를 잘못 건드려 버렸어! 엄청난 소음이!
3	어라? 지금 곡의 어느 부분이었지...?
4	소리가 안나는 건반이 있어... 고장?!
5	음색이 틀렸어! 원래 음색이 몇 번이었지...?!
6	손을 놓는 위치가 잘못됐어...! 불협화음이야!

Phrase Burst Keyboard

프레이즈 버스트

스 케 일 댄 스

경계

대상에게 프레이즈 공격과 같은 대미지를 준다. 이 판정에 소비한 【컨디션】의 절반(소수점 올림)을 자신 외의 모든 PC에게 준다.

가속하는 열 손가락이 건반 위에서 춤춘다. 그 경쾌한 스텝은 긴장한 청중을 점점 상쾌하게 만든다.

【악기】
드럼
Dr.

밴드의 드럼 담당입니다. 악보 등에서는 「Dr.」라고 줄여서 씁니다.

정확하게는 '드럼 세트', '드럼스'라고 부릅니다. 드럼을 담당하면 누구라도 드럼을 선택할 수 있습니다.

드럼은 베이스와 함께 '리듬 섹션'이라고 불리는 파트입니다. 그 이름처럼 곡의 리듬을 담당합니다.

드럼은 다양한 악기가 섞여있는 약간 별난 파트입니다.

일러스트에는 베이스 드럼, 하이햇 심벌, 스네어 드럼, 하이 톰, 로우 톰, 플로어 톰, 라이드 심벌, 크래시 심벌이 그려져 있습니다. 이 조합은 일반적인 것으로, 여기서 다른 악기를 추가하거나 빼서 개성을 만듭니다.

리듬을 "쿵 치 따 치 쿵 치 따 치"라고 표기했을 때, "쿵"이 베이스 드럼입니다. 베이스 드럼은 오른발 아래 페달을 밟아서 연주합니다. "치"는 하이햇 심벌로, 두 심벌을 붙여놓은 것인데 왼발 아래 페달을 밟아서 닫거나 떼서 열 수 있습니다. 열면 두 심벌의 간격 때문에 "치이"하는 소리를 내고, 닫으면 "치"하는 소리가 납니다. 그리고 "따"가 스네어 드럼인데, 일본어로 하면 '작은북'이라 할 수 있습니다. 치면 시원하게 "땅!"하고 높은음이 납니다.

여기서 전부 소개할 수는 없기 때문에 다른 얘기 하나만 하겠습니다. 라이브 마지막에 드럼이 각각의 악기를 엄청 치면서 고조시킬 때가 있습니다. 이것을 '필인'이라고 합니다. 프레이즈 버스트【추명】도 이를 나타냅니다. 가장 마지막을 고조시켜서 DP를 밀어붙여 봅시다.

Phrase Burst Drum
프레이즈 버스트
체이스 라운드
추명

다음 효과들을 모두 적용한다.
① 대상에게 프레이즈 공격과 같은 대미지를 준다.
② 이 프레이즈 버스트를 사용한 라운드 종료 직후, 추가 라운드가 발생한다. 단, 추가 라운드 동안 모든 PC는 【컨디션】과 【프레이즈】를 사용할 수 없다. 또한 이 프레이즈 버스트를 사용한 타이밍이 제3 라운드였다면, 모든 굴레는 무력화된다.

곡의 파트마다 들어가는 드럼 난타. 특히 곡의 마지막에 들어가는 '필인'을 사용한 드럼 엔딩은 연주자가 쌓아온 실력을 온 힘을 다해 쥐어 짜낸다.

드럼 트러블 표

	트러블
1	손이 꼬여버렸다! 얼른 바로잡아야...!
2	어라? 지금 곡의 어느 부분이었지...?
3	하이햇이 안 열려! 볼트가 풀려나...?!
4	애드리브 했는데 다음 프레이즈가 안 떠올라...!
5	템포가 빨라지기 시작했는데 멈출 수가 없어!
6	스틱이 날아가버렸다! 대신 쓸만한 게 있나...

1·03 이름

　PC의 이름을 정합니다.

　이름은 플레이어가 자유롭게 정해도 되고, 다음 페이지의 성 표와 이름 표를 사용해서 정할 수도 있습니다. 이름의 힌트가 될 수 있는 성 힌트 표와 이름 힌트 표도 준비해뒀습니다.

　『스트라토 샤우트』의 무대는 기본적으로 현대 일본이지만, 예명이라면 기발한 이름도 드물지 않습니다.

일반 성 표

11 星野 / 호시노	23 菅井 / 스가이	36 松本 / 마츠모토
12 酒井 / 사카이	24 横山 / 요코야마	44 尾崎 / 오자키
13 高橋 / 타카하시	25 荒川 / 아라카와	45 三国 / 미쿠니
14 椎名 / 시이나	26 野上 / 노가미	46 藤村 / 후지무라
15 遠野 / 토오노	33 奥田 / 오쿠다	55 結城 / 유우키
16 山口 / 야마구치	34 中島 / 나카지마	56 向井 / 무카이
22 桐島 / 키리시마	35 新 / 아라타	66 観月 / 미즈키

희귀 성 표

11 高円寺 / 코엔지	23 小山内 / 오사나이	36 佐久間 / 사쿠마
12 四季 / 시키	24 来栖 / 쿠루스	44 結月 / 유즈키
13 信楽 / 시가라	25 流川 / 루카와	45 氷室 / 히무로
14 百合崎 / 유리자키	26 恋水 / 코이미즈	46 相馬 / 소마
15 検見川 / 케미가와	33 幾波 / 이쿠나미	55 四条 / 신죠
16 京極 / 쿄고쿠	34 黒河内 / 쿠로코우치	56 天海 / 아마미
22 日比谷 / 히비야	35 水瀬 / 미나세	66 吉祥寺 / 키치죠지

음악 성 표

11 音無 / 오토나시	23 爪弾 / 츠마비키	36 音階 / 온카이
12 四弦 / 시즈루	24 詠川 / 에이카와	44 歌方 / 우타카타
13 響 / 히비키	25 唱 / 토노오	45 鼓 / 츠즈미
14 小曲 / 코마가리	26 白拍子 / 시라뵤시	46 利府 / 리후
15 飛弾 / 히다	33 三度 / 산도	55 声高 / 코에다카
16 調 / 시라베	34 幸田 / 코다	56 奥多部 / 오쿠타베
22 小節 / 코부시	35 謡 / 우타이	66 鳴神 / 나루카미

일반 이름 표 1

11	케이스케 / 사쿠라
12	켄 / 유우
13	아츠시 / 나츠키
14	류타 / 미유키
15	타쿠마 / 아리사
16	이치로 / 아사코
22	쇼고 / 유키
23	타카히로 / 루이
24	마사후미 / 시즈쿠
25	류이치 / 토모코
26	렌 / 마이
33	요시키 / 미오
34	히로 / 타마키
35	코지 / 나나
36	료 / 나오
44	카즈야 / 치히로
45	타카시 / 마리에
46	다이스케 / 츠무기
55	카츠미 / 사키
56	마코토 / 시오리
66	아키라 / 유리

일반 이름 표 2

11	호쿠토 / 링고
12	스바루 / 미라이
13	가쿠 / 스즈메
14	하야테 / 노노
15	리쿠 / 히나타
16	이오리 / 리오
22	하루토 / 이로하
23	소라 / 우미
24	아사히 / 아오이
25	미나토 / 다리아
26	루이 / 히스이
33	레이 / 노아
34	유우가 / 치에리
35	쿠온 / 카구야
36	사쿠야 / 시온
44	하루 / 린
45	미사키 / 카논
46	텐마 / 치토세
55	나츠키 / 마유
56	스나오 / 안
66	미치 / 코코로

예명 이름 표

11	록 / 발라드
12	헬로 / 바이바이
13	알파 / 오메가
14	하트 / 다이아
15	도쿄 / 오사카
16	어니언 / 토마토
22	아크릴 / 나일론
23	파워 / 스피드
24	엑셀 / 클러치
25	에이엔 / 잇슌
26	아오 / 무라사키
33	펀치 / 킥
34	카게로 / 신키로
35	나이프 / 피스톨
36	호우오우 / 키린
44	로켓 / 제트
45	알칼리 / 리트머스
46	바쿠단 / 레이저
55	토로 / 마구로
56	레이즈 / 드롭
66	스페셜 / 펌블

성 힌트 표

11	세션 장소의 지명
12	지명을 포함한 성(치바, 미야자키 등)
13	색을 포함한 성(아오시마, 아카이 등)
14	계절을 포함한 성(카스가, 아키야마 등)
15	요일을 포함한 성(히노, 츠키시마 등)
16	숫자를 포함한 성(이치노세, 니카이도 등)
22	방향, 방위를 포함한 성(마에다, 키타자와 등)
23	날씨를 포함한 성(카자마, 아마미야 등)
24	신체 일부를 포함한 성(에구치, 데즈카 등)
25	식물을 포함한 성(사쿠라이, 하나자와 등)
26	동물을 포함한 성(아리마, 토리이 등)
33	당신이 좋아하는 역사상 인물의 성
34	당신이 좋아하는 개그맨의 성
35	당신이 좋아하는 스포츠 선수의 성
36	당신이 좋아하는 배우나 성우의 성
44	당신이 좋아하는 캐릭터의 성
45	당신이 좋아하는 연예인의 성
46	당신이 좋아하는 위인의 성
55	당신이 좋아하는 작가의 성
56	당신이 좋아하는 만화가의 성
66	당신이 좋아하는 아티스트의 성

이름 힌트 표

11	당신의 이름
12	색을 포함한 이름(미도리, 모모 등)
13	계절을 포함한 이름(하루키, 나츠미 등)
14	숫자를 포함한 이름(코이치, 나나미 등)
15	새를 포함한 이름(카라스, 코토리 등)
16	동물을 포함한 이름(토라, 우사기 등)
22	식물을 포함한 이름(야나기, 스미레 등)
23	별을 포함한 이름(타이요, 츠키코 등)
24	무기를 포함한 이름(켄지, 유미 등)
25	시간을 표현한 말을 포함한 이름(마히루, 아스카 등)
26	장소를 표현한 말을 포함한 이름(다이치, 미소라 등)
33	당신이 좋아하는 역사상 인물의 이름
34	당신이 좋아하는 개그맨의 이름
35	당신이 좋아하는 스포츠 선수의 이름
36	당신이 좋아하는 배우나 성우의 이름
44	당신이 좋아하는 캐릭터의 이름
45	당신이 좋아하는 연예인의 이름
46	당신이 좋아하는 위인의 이름
55	당신이 좋아하는 작가의 이름
56	당신이 좋아하는 만화가의 이름
66	당신이 좋아하는 아티스트의 이름

만능 명명 표 A	만능 명명 표 B	형용 명명 표
11 열쇠 / 문	**11** 개 / 고양이	**11** 사는 / 죽는
12 하늘 / 바다	**12** 물고기 / 새	**12** 도는 / 춤추는
13 마을 / 나라	**13** 초연 / 탄환	**13** 걷는 / 달리는
14 아침 / 밤	**14** 독 / 약	**14** 웃는 / 우는
15 스푼 / 포크	**15** 피 / 뼈	**15** 빛나는 / 사라지는
16 총 / 나이프	**16** 마음 / 몸	**16** 나는 / 떠오르는
22 노래 / 리듬	**22** 버튼 / 스위치	**22** 단 / 쓴
23 초능력 / 유령	**23** 집 / 마당	**23** 큰 / 작은
24 꽃 / 풀	**24** 폭탄 / 미사일	**24** 사그라드는 / 부푸는
25 색깔 / 시간	**25** 까마귀 / 카나리아	**25** 아름다운 / 더러운
26 세계 / 사회	**26** 양 / 늑대	**26** 밝은 / 어두운
33 사람 / 짐승	**33** 달 / 태양	**33** 싸우는 / 죽이는
34 물 / 우유	**34** 별 / 무지개	**34** 외치는 / 말하는
35 쿠키 / 초콜릿	**35** 비 / 바람	**35** 밝은 / 어두운
36 설탕 / 소금	**36** 눈 / 태풍	**36** 울려 퍼지는 / 남는
44 자동차 / 자전거	**44** 백 / 흑	**44** 강한 / 약한
45 비행기 / 전철	**45** 청 / 적	**45** 고독한 / 행복한
46 로켓 / 배	**46** 금 / 은	**46** 어리석은 / 똑똑한
55 꿈 / 현실	**55** 봄 / 여름	**55** 시작의 / 끝의
56 이야기 / 시나리오	**56** 가을 / 겨울	**56** 조용한 / 시끄러운
66 종이 / 연필	**66** 주사위 / 카드	**66** 노래하는 / 울리는

1·04 성별

PC의 성별을 정합니다.
게임 마스터의 지시가 있으면 그에 따라 성별을 정합니다.

1·05 연령

PC의 연령을 정합니다.
『스트라토 샤우트』의 캐릭터는 기본적으로 고등학생입니다. 그 외의
연령으로 플레이하고 싶은 경우는 게임 마스터와 상의하시기 바랍니다.
또한 게임 마스터의 지시가 있으면 그에 따라 연령을 정합니다.

1·06 특기

다음으로 캐릭터의 특기를 정합니다. 『스트라토 샤우트』의 특기는 그 캐릭터의 센스를 나타냅니다.

특기는 행동 판정을 할 때 사용합니다. 자세한 것은 「2 행동 판정」 항목을 참조하십시오.

특기는 여섯 가지 분야가 있습니다. 우선 각 분야 및 그 분야로 분류된 특기를 소개하겠습니다.

「가치관」: 이 분야는 그 인물이 무엇을 소중히 여기는지를 나타냅니다.

과거: 소중한 추억이 있습니다. 가사에 관한 판정 시에는 '어제', '그날', '어릴적' 등에 사용할 수 있습니다.

연인: 소중한 연인이 있습니다. 가사에 관한 판정 시에는 '그녀', '달링', '소중한 사람' 등에 사용할 수 있습니다.

동료: 동료를 소중하게 생각합니다. 가사에 관한 판정 시에는 '친구', '우정', '우리들' 등에 사용할 수 있습니다.

가족: 가족을 소중하게 생각합니다. 가사에 관한 판정 시에는 '마마', '아버지', '우리집' 등에 사용할 수 있습니다.

자신: 자신이 무엇보다 소중합니다. 가사에 관한 판정 시에는 '나(僕)', '나(私)', '나(俺)' 등에 사용할 수 있습니다.

지금: 지금 이 시간을 소중하게 생각합니다. 가사에 관한 판정 시에는 '현재', '지금 이 순간', 'now' 등에 사용할 수 있습니다.

이유: 밴드를 결성하게 된 이유를 소중하게 생각합니다. 가사에 관한 판정 시에는 '이유', '리즌', '~이니까' 등에 사용할 수 있습니다.

꿈: 소중한 꿈이 있습니다. 가사에 관한 판정 시에는 '공상', '상상', '잠자는' 등에 사용할 수 있습니다.

세계: 세상을 바꾸고 싶다고 생각하거나, 또는 자신의 세계를 소중하게 생각합니다. 가사에 관한 판정 시에는 '월드', '나라', '세상 속' 등에 사용할 수 있습니다.

스트라토 샤우트

행복: 자신이나 타인의 행복을 소중하게 생각합니다. 가사에 관한 판정 시에는 '행복', '해피', '럭키' 등에 사용할 수 있습니다.

미래: 미래에 대한 희망을 품고 있습니다. 가사에 관한 판정 시에는 '내일', '장래', '언젠가' 등에 사용할 수 있습니다.

「신체」: 이 분야는 그 인물이 좋아하는 신체부위를 나타냅니다.

머리: 머리 외에도 얼굴이나 머리카락, 목 등을 좋아합니다. 가사에 관한 판정 시에는 '얼굴', '머리카락', '뇌' 등에 사용할 수 있습니다.

눈: 눈을 좋아합니다. 가사에 관한 판정 시에는 '속눈썹', '눈동자', '안경' 등에 사용할 수 있습니다.

귀: 귀를 좋아합니다. 가사에 관한 판정 시에는 '듣다', '피어스', '고막' 등에 사용할 수 있습니다.

입: 입 또는 목소리나 말을 좋아합니다. 가사에 관한 판정 시에는 '목소리', '말', '말하는' 등에 사용할 수 있습니다.

가슴: 가슴이나 유방을 좋아합니다. 가사에 관한 판정 시에는 '가슴의 고동', '폐', '가슴' 등에 사용할 수 있습니다.

심장: 마음의 변화를 좋아합니다. 가사에 관한 판정 시에는 '하트', '심박', '마음' 등에 사용할 수 있습니다.

피: 혈액이나 뼈를 좋아합니다. 가사에 관한 판정 시에는 '혈액', '뼈', '주사' 등에 사용할 수 있습니다.

등: 등을 좋아합니다. 가사에 관한 판정 시에는 '배후', '너의 뒤', '업히다' 등에 사용할 수 있습니다.

손: 손이나 팔을 좋아합니다. 가사에 관한 판정 시에는 '팔', '손끝', '어깨' 등에 사용할 수 있습니다.

XXX: 그... 여기에 적기에는 적나라한 부위입니다. 가사에 관한 판정 시에는 '가랑이', '섹스', '(상스러운 욕설)' 등에 사용할 수 있습니다.

발: 발이나 넓적다리를 좋아합니다. 가사에 관한 판정 시에는 '발끝', '신발', '보폭' 등에 사용할 수 있습니다.

「모티브」: 이 분야는 그 인물이 좋아하는 모티브를 나타냅니다.

어둠: 어둠을 모티브로 한 가사를 좋아합니다. 가사에 관한 판정 시에는 '밤', '어두운', '그림자' 등에 사용할 수 있습니다.

무기: 무기를 모티브로 한 가사를 좋아합니다. 가사에 관한 판정 시에는 '나이프', '총', '갑옷' 등에 사용할 수 있습니다.

마법: 마법을 모티브로 한 가사를 좋아합니다. 가사에 관한 판정 시에는 '주문', '신비한', '매직' 등에 사용할 수 있습니다.

동물: 동물을 모티브로 한 가사를 좋아합니다. 가사에 관한 판정 시에는 '개', '펫', '나비' 등에 사용할 수 있습니다.

도시: 도시의 풍경을 모티브로 한 가사를 좋아합니다. 가사에 관한 판정 시에는 '벤치', '편의점', '도로' 등에 사용할 수 있습니다.

노래: 노래를 모티브로 한 가사를 좋아합니다. 가사에 관한 판정 시에는 '멜로디', '듀엣', '리듬' 등에 사용할 수 있습니다.

창문: 집의 풍경을 모티브로 한 가사를 좋아합니다. 가사에 관한 판정 시에는 '문', '소파', '방' 등에 사용할 수 있습니다.

꽃: 식물을 모티브로 한 가사를 좋아합니다. 가사에 관한 판정 시에는 '꽃잎', '벚꽃', '꽃피는' 등에 사용할 수 있습니다.

하늘: 하늘을 모티브로 한 가사를 좋아합니다. 가사에 관한 판정 시에는 '별', '비', '비행기' 등에 사용할 수 있습니다.

계절: 계열을 모티브로 한 가사를 좋아합니다. 가사에 관한 판정 시에는 '봄', '여름', '시즌' 등에 사용할 수 있습니다.

빛: 빛을 모티브로 한 가사를 좋아합니다. 가사에 관한 판정 시에는 '광선', '플래시', '불빛' 등에 사용할 수 있습니다.

「정서」: 이 분야는 그 인물을 상징하는 감정이나 마음의 변화를 나타냅니다.

슬픔: 슬픔을 품고 있습니다. 가사에 관한 판정 시에는 '비극', '비련', '가슴이 아픈' 등에 사용할 수 있습니다.

분노: 분노를 품고 있습니다. 가사에 관한 판정 시에는 '불쾌함', '짜증', '혀를 차는' 등에 사용할 수 있습니다.

불안: 불안을 품고 있습니다. 가사에 관한 판정 시에는 '우울', '걱정하는', '근심' 등에 사용할 수 있습니다.

공포: 공포를 기억하고 있습니다. 가사에 관한 판정 시에는 '무서운', '떨리는', '호러' 등에 사용할 수 있습니다.

놀람: 잘 놀라거나, 다른 사람을 놀라게 합니다. 가사에 관한 판정 시에는 '깜짝', '충격', '당황하는' 등에 사용할 수 있습니다.

두근거림: 가슴이 부풀어 두근거립니다. 가사에 관한 판정 시에는 '두근두근', '흥분', '텐션' 등에 사용할 수 있습니다.

정열: 무언가에 정열을 불태우고 있습니다. 가사에 관한 판정 시에는 '가열', '불타는', '볼티지' 등에 사용할 수 있습니다.

확신: 무언가를 확신하고 있습니다. 가사에 관한 판정 시에는 '믿는', '결코', '반드시' 등에 사용할 수 있습니다.

기대: 무언가를 기대하고 있습니다. 가사에 관한 판정 시에는 '소망', '꼭', '소원' 등에 사용할 수 있습니다.

즐거움: 무언가를 즐거워하거나 누군가를 즐겁게 합니다. 가사에 관한 판정 시에는 '떠드는', '설레는', '경쾌' 등에 사용할 수 있습니다.

기쁨: 무언가를 기뻐하거나, 누군가를 기쁘게 합니다. 가사에 관한 판정 시에는 '기쁜', '만족', '고마워' 등에 사용할 수 있습니다.

「행동」: 이 분야는 그 인물을 상징하는 행동을 나타냅니다.

울다: 잘 우는 인물이거나, 누군가가 우는 모습을 좋아하는 인물입니다. 가사에 관한 판정 시에는 '눈물', '감동', '오열' 등에 사용할 수 있습니다.

잊다: 잘 잊어버리는 인물이거나, 무언가 잊고 싶지 않은 것이 있는 인물입니다. 가사에 관한 판정 시에는 '망각', '기억하는', '리멤버' 등에 사용할 수 있습니다.

지우다: 무언가 지워버리고 싶은 게 있거나, 지우고 싶지 않은 것이 있는 인물입니다. 가사에 관한 판정 시에는 '소멸', '도망치는', '없어지는' 등에 사용할 수 있습니다.

부수다: 무언가 부수고 싶은 게 있거나, 부서지지 않길 바라는 것이 있는 인물입니다. 가사에 관한 판정 시에는 '파괴', '브레이크', '무너지는' 등에 사용할 수 있습니다.

외치다: 외치고 싶은 마음이 있거나, 누군가가 외치는 모습을 좋아하는 인물입니다. 가사에 관한 판정 시에는 '큰소리', '샤우트', '비명' 등에 사용할 수 있습니다.

노래하다: 부르고 싶은 노래가 있거나, 노래하는 것을 좋아하는 인물입니다. 가사에 관한 판정 시에는 '노래', '음악', '흥얼거리는' 등에 사용할 수 있습니다.

춤추다: 춤추는 것을 좋아하는 인물이거나, 누군가가 춤추는 모습을 좋아하는 인물입니다. 가사에 관한 판정 시에는 '춤추는', '댄스', '스텝' 등에 사용할 수 있습니다.

달리다: 달리고 싶은 마음을 품거나, 달리는 것을 좋아하는 인물입니다. 가사에 관한 판정 시에는 '서두르는', '스킵', '드라이브' 등에 사용할 수 있습니다.

만나다: 사람과의 만남을 소중히 하거나 미지의 만남을 기대합니다. 가사에 관한 판정 시에는 '우연히 만난', '재회', '모이는' 등에 사용할 수 있습니다.

부르다: 누군가의 이름을 부르고 싶은 마음이 있거나, 자신을 불러주길 바란다고 느낍니다. 가사에 관한 판정 시에는 '불러내는', '꾀는', '이름' 등에 사용할 수 있습니다.

웃다: 잘 웃는 인물이거나, 누군가가 웃는 모습을 좋아하는 인물입니다. 가사에 관한 판정 시에는 '웃는 얼굴', '쓴웃음', '농담' 등에 사용할 수 있습니다.

스트라토 샤우트

「역경」: 이 분야는 그 인물이 직면했거나 직면하고 있는 역경을 나타냅니다.

죽음: 죽음에 관한 역경을 마주하고 있습니다. 가사에 관한 판정 시에는 '데스', '죽이는', '천국' 등에 사용할 수 있습니다.

상실: 상실감에 관한 역경을 마주하고 있습니다. 가사에 관한 판정 시에는 '잃는', '로스트', '가슴에 뚫린 구멍' 등에 사용할 수 있습니다.

폭력: 폭력에 관한 역경을 마주하고 있습니다. 가사에 관한 판정 시에는 '때리는', '차는', '찌르는' 등에 사용할 수 있습니다.

고독: 고독에 관한 역경을 마주하고 있습니다. 가사에 관한 판정 시에는 '론리', '외로운', '혼자서' 등에 사용할 수 있습니다.

후회: 후회에 관한 역경을 마주하고 있습니다. 가사에 관한 판정 시에는 '분한', '반성', '참회' 등에 사용할 수 있습니다.

실력: 실력에 관한 역경을 마주하고 있습니다. 가사에 관한 판정 시에는 '재능', '노력', '기술' 등에 사용할 수 있습니다.

따분함: 따분하다는 것에 역경을 느끼고 있습니다. 가사에 관한 판정 시에는 '한가로운', '자극', '혼자 노는' 등에 사용할 수 있습니다.

본성: 자신의 진정한 성질에 관한 역경을 마주하고 있습니다. 가사에 관한 판정 시에는 '진심', '본능', '비밀' 등에 사용할 수 있습니다.

재산: 금전이나 권력에 관한 역경을 마주하고 있습니다. 가사에 관한 판정 시에는 '돈', '알바', '성공하고 싶은' 등에 사용할 수 있습니다.

연애: 연애에 관한 역경을 마주하고 있습니다. 가사에 관한 판정 시에는 '사랑', '사랑하는', '좋아해' 등에 사용할 수 있습니다.

삶: 삶에 관한 역경을 마주하고 있습니다. 가사에 관한 판정 시에는 '라이프', '살아가는', '인생' 등에 사용할 수 있습니다.

캐릭터는 각 분야에서 1개씩 특기를 습득합니다. 습득한 특기는 캐릭터 시트의 특기 리스트에 있는 그 특기의 이름에 동그라미를 쳐서 표시합니다.

1·07 인연

　【인연】은 PC가 다른 캐릭터에 대해서 품고있는 강한 감정을 나타냅니다. 【인연】은 대상, 속성, 강도의 세 가지 파라미터를 가지고 있습니다.
　대상은 PC가 【인연】을 가지고 있는 상대를 나타냅니다.
　속성은 【인연】이 어떤 종류의 감정인지를 나타냅니다. 감정 표를 사용해서 정해도 되고, 플레이어가 자유롭게 정해도 됩니다.
　강도는 【인연】의 강함을 나타냅니다. 강도를 소비해서 후술할 작전을 사용할 수 있습니다.
　「【인연】을 1점 획득한다」고 하는 경우, 【인연】의 강도가 1점 증가합니다.
　캐릭터 제작 시에는 어느 PC도 【인연】을 가지고 있지 않습니다.

감정 표	
	속성
1	공감 / 불신
2	우정 / 질투
3	호적수 / 짜증남
4	필요 / 기피
5	존경 / 열등감
6	애정 / 빚

1·08 디스코드와 컨디션

　【디스코드】는 PC가 가진 부정적인 마음의 강함을 나타냅니다.
　【컨디션】은 PC가 가진 긍정적인 마음의 강함을 나타냅니다.
　둘 다 캐릭터 제작 시에는 0입니다.

1·09 작전

　그 캐릭터가 라이브에서 어떤 신념을 가지고서 연주하려는지를 나타냅니다.
　작전은 【이모션】, 【테크닉】, 【로직】의 세 종류가 있습니다.
　각각의 작전은 고유 능력이 있고, 【인연】을 소비해서 그 능력을 사용할 수 있습니다. 능력의 사용 대상은 작전을 사용하는 PC 자신, 또는 소비한 【인연】의 대상인 PC입니다.
　플레이어는 게임 개시 시에 원하는 작전 하나를 선택할 수 있습니다. 또한 같은 캐릭터를 여러 세션에서 사용하는 경우, 매번 같은 작전을 고를 필요는 없습니다.

스트라토 샤우트

이모션

자신의 감정이나 마음을 연주에 부딪혀보려고 생각합니다. 작전 사용 대상이 공격 대미지를 산출한 직후에 사용할 수 있습니다. 【인연】 강도를 1점 소비할 때마다 사용 대상의 대미지가 2D6점 상승합니다.

테크닉

자신의 연주 기술로 관객을 매료시키려고 생각합니다. 라이브 페이즈에서 사용할 수 있습니다. 【인연】 강도를 1점 소비할 때마다 작전 사용 대상은 【컨디션】을 1D6점 얻습니다.

로직

독자적인 이론을 연주로 전개하려고 생각합니다. 더불어 그 이론이 합리적일 필요는 없습니다. 작전 사용 대상이 판정한 직후에 사용할 수 있습니다. 【인연】 강도를 1점 소비할 때마다 사용 대상의 판정을 다시 굴리게 할 수 있습니다.

1·10 레벨

그 PC가 밴드활동을 통해서 얻은 경험치를 나타냅니다.
레벨이 높아질수록 스테이터스가 상승하게 됩니다.
캐릭터 제작 시점의 레벨은 1입니다.

1·11 스킬

그 PC가 경험을 통해서 익힌 특수한 재능이나 기능입니다.
캐릭터 레벨이 1인 경우 스킬은 프레이즈 버스트만 습득할 수 있습니다.
자세한 것은 「8 스킬」을 참조하시기 바랍니다.
습득한 스킬은 그 이름과 타이밍, 지정 특기, 효과를 캐릭터 시트의 스킬 란에 적어넣습니다. 효과는 간단한 개요만 기입해도 되고, 스킬이 적혀 있는 페이지 번호를 기입해둬도 좋을 것입니다.

2 행동 판정

『스트라토 샤우트』에서는 캐릭터가 '성공할지 실패할지 모르는' 행동을 했을 때, 주사위를 굴려서 그 후의 전개를 결정합니다.

이것을 「행동 판정」, 또는 간단하게 「판정」이라고 부릅니다.

게임 중에 PC는 여러 가지 도전을 하게 됩니다. 기타를 잘 칠 수 있을지, 동료들과 마음을 하나로 모을 수 있을지. 이런 결과를 알 수 없는 행동의 향방을 행동 판정으로 정하는 것입니다.

2·01 행동 판정의 흐름

행동 판정은 다음 순서로 진행하는데, ①에서 ④까지 순서대로 처리합니다.

①특기 결정

행동 판정을 하게 된 경우, 게임 마스터는 그 행동 판정에 도전하기에 적절한 특기를 골라서 지정합니다. 플레이어가 지정 특기를 고르거나, 애초에 게임 규칙에서 지정된 경우도 있습니다.

②특기 확인

플레이어는 지정된 특기를 자신의 캐릭터가 가지고 있는지 확인합니다.

만약 그 특기를 가지고 있다면 성공할 확률은 높아집니다. 만약 그 특기를 가지고 있지 않다면 다른 특기를 대신 사용할 수 있습니다. 이것을 "특기를 대신 사용한다."고 합니다. 자신이 습득한 특기 중에서 지정된 특기와 가까운 것을 찾습니다. 그 특기를 대신 사용합니다. 그리고 지정한 특기를 스타트 지점으로 보고, 대신 사용하는 특기가 상하좌우 방향으로 몇 칸 떨어져 있는지를 셉니다. 특기 리스트에서 각 분야 사이에 있는 갭(틈)도 1칸으로 셉니다. 단, 검게 칠한 갭은 없는 것으로 취급합니다.

187

스트라토 샤우트

특기를 대신 사용할 때, 특별한 스킬의 효과 등이 없는 한, 특기 리스트의 최상단과 최하단, 그리고 좌측(가치관 분야)과 우측(역경 분야)은 이어지지 않은 것으로 보고 칸을 세주시기 바랍니다.

③목표치 확인

그 특기의 목표치를 산출합니다. 목표치가 높으면 높을수록 판정은 어렵게 됩니다.

「②특기 확인」에서 지정된 특기를 가지고 있다면, 목표치는 5입니다.

또한 다른 특기를 대신 사용한다면 [5+지정된 특기에서 대신 사용하는 특기까지의 칸 수]가 목표치가 됩니다.

④주사위 굴림

2D6을 굴립니다. 이 수치를 「달성치」라고 합니다. 달성치가 「③목표치 확인」에서 정해진 목표치 이상이라면 판정은 성공입니다. 목표치 미만이면 판정은 실패합니다.

예: 플레이어는 게임 마스터에게 《노래/모티브7》로 판정하도록 지시받았습니다(①특기 결정).

플레이어는 《노래/모티브7》을 가지고 있지 않습니다. 가장 가까운 특기를 찾으니 《등/신체9》이므로 이것을 대신 사용하기로 합니다(②특기 확인).

《등/신체9》에서 《노래/모티브7》까지 칸을 세어보니 갭을 포함해 4칸이었습니다. 목표치는 5+4로 9가 됩니다(③목표치 확인).

플레이어가 2D6을 굴려 달성치는 10이었습니다. 목표치 이상이므로 판정은 성공입니다(④주사위 굴림).

행동 판정은 이렇게 성공과 실패를 결정합니다.

또한 이런 처리와 더불어 지금부터 설명할 「수정치」, 「특별한 주사위 눈」, 「게임 마스터의 개입」, 「재굴림」이라는 네 가지 특례가 있습니다.

2·02 수정치

행동 판정의 달성치를 증감할 수 있습니다. 이것을 「수정치」라고 부릅니다.

달성치를 증가시키는 수정치는 「플러스 수정치」, 달성치를 감소시키는 수정치는 「마이너스 수정치」라고 부릅니다.

예를 들면 "+2 수정치를 적용합니다."라고 한 경우 주사위 눈에 2를 더한 것이 달성치가 됩니다.

수정치는 규칙에서 지정된 것 외에 게임 마스터가 그 자리에서 판단해서 부과하는 경우도 있습니다.

2·02·01 컨디션에 의한 수정치

자신이 판정 주사위를 굴리기 직전에 【컨디션】을 소비하면 판정에 소비한 수치와 같은 플러스 수정치가 적용됩니다.

단, 같은 판정에 사용할 수 있는 【컨디션】은 최대 6점입니다.

또한 라이브 페이즈에서는 공격 판정에 【컨디션】을 사용하면 대미지가 상승합니다. 자세한 것은 「6·06·01 일반 공격」, 「6·06·02 프레이즈 공격」을 참조하시기 바랍니다.

2·03 특별한 주사위 눈

행동 판정에서 특별한 눈이 나오면 특수한 상황이 발생합니다. 2D6을 굴렸을 때, 특별한 눈이 나온 경우 스페셜, 또는 펌블이 발생합니다.

스페셜, 펌블 둘 다 오직 주사위 눈으로만 발생합니다. 수정치를 받아서 특정 눈이 되었다고 해도 스페셜이나 펌블이 발생하지는 않습니다.

2·03·01 스페셜

스페셜은 정말로 대단한 대성공을 의미합니다.

행동 판정을 할 때, 2D6의 주사위 눈이 특정 수치 이상이라면 스페셜이 발생합니다. 이 특정 수치를 스페셜치라고 부릅니다. 스페셜치는 12입니다. 스페셜치는 13 이상이 되지 않습니다.

스페셜이 발생했을 때, 예를 들어 달성치가 목표치 미만이었다고 해도 반드시 판정은 성공합니다. 더불어 자신의 【컨디션】이 2점 증가합니다.

2·03·02 펌블

펌블이란 생각지도 못한 대실패를 의미합니다.

행동 판정을 할 때, 2D6의 주사위 눈이 특정 수치 이하라면 펌블이 발생합니다. 이 특정 수치를 펌블치라고 부릅니다. 펌블치는 2입니다. 펌블치가 1 이하가 되면 펌블은 발생하지 않습니다.

펌블이 발생했을 때, 예를 들어 달성치가 목표치 이상이었다고 해도 반드시 판정은 실패합니다. 더불어 드라마 페이즈에서 펌블한 PC는 자신의 【디스코드】가 2점 증가하고, 라이브 페이즈였다면 【컨디션】이 2점 감소합니다.

2·03·03 주사위 눈의 경합

판정 한 번에서 스페셜과 펌블 조건을 동시에 만족한 경우, 스페셜이 우선됩니다.

2·04 게임 마스터의 개입

게임 마스터의 개입은 행동 판정을 하는 캐릭터가 지정된 특기를 가지고 있지 않고, 무언가 다른 특기를 대신 사용할 때 발생할 수 있습니다.

게임 마스터는 대신 사용된 특기가 원래 하려는 행동 판정에 비해 너무 부적절하다고 생각한다면 플레이어에게 구체적으로 그 특기를 써서 어떻게 상황을 해결하는지 질문할 수 있습니다. 이러한 개입이 발생한 플레이어는 그에 대해 특기의 활용법을 설명합니다.

게임 마스터가 그 설명에 납득했다면 문제없이 판정을 계속합니다. 설명에 납득하지 못했다면 다른 특기를 대신 사용하도록 지시하십시오. 이때 지정 특기보다 더 멀어진 경우 목표치도 그에 따라 상승합니다.

2·05 재굴림

작전이나 스킬 등의 효과로 판정 주사위를 다시 굴릴 수 있습니다. 이때 판정에 적용되는 수정치나 특수한 효과는 재굴림 전과 같은 조건으로 적용합니다.

2·05·01 컨디션으로 재굴림하기

자신의 판정 주사위를 굴린 직후 【컨디션】을 1D3점 소비하면 주사위를 다시 굴릴 수 있습니다. 1D3은 1D6으로 나온 주사위 눈의 절반(소수점 올림)으로 산출해주십시오. 1~2는 1점, 3~4는 2점, 5~6은 3점입니다.

소지한 【컨디션】보다 많이 소비하게 되면 재굴림은 할 수 없습니다. 이 경우에 소지한 【컨디션】은 0점이 됩니다.

2·06 랜덤 특기 결정

『스트라토 샤우트』에서는 행동 판정에 사용하는 특기를 랜덤으로 고르는 장면이 가끔씩 발생합니다. 따라서 특기 분야의 각 분야와 각각의 특기들은 번호가 붙어있습니다. 이 번호들은 캐릭터 시트의 특기 리스트에서 확인할 수 있습니다.

특기를 랜덤으로 고르는 경우, 먼저 1D6을 굴려 특기 분야를 하나 고릅니다. 그 다음 2D6을 굴려 그 분야에서 특기를 하나 고릅니다.

만약 분야가 지정되었다면 2D6을 굴려 특기를 하나 고르기만 하면 됩니다.

3 세션

『스트라토 샤우트』에서는 게임을 한 번 하는 것을 세션이라고 부릅니다.

세션은 우선 게임 마스터가 상황을 설명하고, 플레이어들이 그 설명을 듣고서 자기 캐릭터가 어떻게 행동할지를 생각해서 선언합니다. 이렇게 플레이어와 게임 마스터가 대화를 통해 세션을 진행시켜나갑니다. 자세한 것은 리플레이 파트를 참고하시기 바랍니다.

세션은「4 인트로 페이즈」,「5 드라마 페이즈」,「6 라이브 페이즈」,「7 아웃트로 페이즈」순서로 진행합니다. 자세한 것은 각 페이즈 항목을 참조하시기 바랍니다.

3·01 세션 준비

실제로 세션을 하기 전에는 여러 가지 준비가 필요합니다. 세션에 대해 설명하기 전에 우선 준비에 대해 설명하겠습니다.

세션 준비에는 크게 세션 전날까지의 준비할 것과 당일에 준비할 것, 두 종류가 있습니다. 우선 전날까지 준비하는 것에 대해서 알아보겠습니다.

전날까지 준비할 것

게임 마스터는 전날까지 시나리오를 준비합니다. 시나리오란 게임의 전개나 시나리오 시트, 굴레 카드, 가사 시트를 일컫습니다.

시나리오 시트는 이야기의 배경을 정리한 자료입니다. 중요한 등장 NPC나 서브 시나리오의 진행 상황 등이 정리되어 있습니다.

굴레 카드는 타깃을 위협하는 정신적 또는 물리적 장해인「굴레」의 데이터를 기입한 카드입니다. 앞면에는 굴레의 키워드와 공개 상태로 만들기 위한 지정 특기가 적혀 있고, 뒷면에는 굴레의【정체】나【지배력】을 비롯한 데이터가 적혀 있습니다.「4·06·01 굴레 카드」를 참조하시기 바랍니다.

가사 시트는 곡의 가사를 적어둔 종이입니다. 게임 마스터가 원하는 곡의 가사를 준비합니다. 오리지널 가사를 준비해도 됩니다.

시나리오 시트, 굴레 카드, 가사 시트에 대해 자세한 것은 「9 게임 마스터」 항목을 참조하시기 바랍니다.

처음으로 『스트라토 샤우트』를 하는 경우 이 책에 수록된 샘플 시나리오를 쓰는 것을 추천합니다. 복잡한 장치 등을 가급적 배제한 심플한 구성이기 때문에 게임의 규칙을 익히는 데에 도움이 될 것입니다.

플레이어는 각자 자신의 PC를 제작합니다. 세션 장소에서 만나서 제작하는 경우도 있으므로 게임 마스터에게 확인해두면 좋을 것입니다. 캐릭터 제작에 관해서는 「1 캐릭터」 항목을 참조하시기 바랍니다.

게임 마스터는 각 플레이어의 PC에게 요청사항이 있으면 먼저 전달해 둡니다. "고등학교 경음악부가 무대이므로 경음악부에 소속된 걸로 해주세요.", "걸즈 밴드로 하고 싶으므로 여성 PC로 만들어 주세요." 같은 경우들이 그렇습니다.

당일에 준비할 것 ───────────────

게임 마스터를 중심으로 참가자들 모두 테이블에 앉습니다.

플레이어는 자기 캐릭터의 데이터를 게임 마스터에게 확인 받도록 합니다.

3·02 사이클

『스트라토 샤우트』에서는 세션 중에 플레이어의 행동 기회를 균등하게 제공하기 위해서 사이클이라는 개념을 사용합니다. 기본적으로 각 플레이어는 한 사이클에 한 번씩, 주요 행동을 할 수 있습니다. 동료들과 상담하거나 주변을 보거나 하는 간단한 행동은 제한이 없습니다. 어떤 행동이 주요 행동인지는 「5 드라마 페이즈」를 참조하시기 바랍니다.

사이클이 시작되면 희망하는 플레이어부터 순서대로 돌아가며 차례를 받습니다. 희망하는 사람이 없다면 게임 마스터의 왼쪽에 앉은 플레이어부터 시작해도 좋을 것입니다. 여기서 각 차례를 장면, 차례를 받은 플레이어를 장면 플레이어라고 합니다. 장면 플레이어가 자기 캐릭터의 행동 처리를 마치면 그 다음으로 희망하는 플레이어에게 장면 플레이어를 넘깁니다.

장면 플레이어가 한 바퀴 돌아서 모든 플레이어가 자기 차례를 마쳤다면 그 사이클은 종료됩니다. 그리고 새로운 다음 사이클이 시작됩니다.

3·03 마스터 장면

게임 마스터는 장면 플레이어를 넘기는 타이밍에 마스터 장면을 끼워넣을 수 있습니다. 마스터 장면은 게임 마스터의 차례로, 마스터 장면에서는 게임 마스터가 장면 플레이어입니다.

마스터 장면에서는 시나리오에 설정된 게임 마스터용 캐릭터인 NPC를 행동시킬 수 있습니다. 마스터 장면에서는 규칙에 없는 다양한 특수 처리를 해도 됩니다.

예를 들면 PC에게 성공하면【기량】이 상승하는 판정을 시키거나, PC에게 질문을 던지거나, 그 결과에 따라 시나리오의 진행에 변화를 주거나... 하는 것들입니다.

3·04 미행동과 행동완료

각 플레이어는 자기 장면에서 캐릭터의 주요 행동을 했다면 캐릭터 시트의 이름 칸에 주사위를 둡니다. 이 상태를 행동완료라고 합니다. 행동완료한 캐릭터는 그 사이클에 이미 행동을 했다는 것을 나타냅니다.

반대로 캐릭터 시트의 이름 칸에 주사위가 놓이지 않은 캐릭터는 미행동이라는 상태입니다. 미행동 캐릭터는 그 사이클에서 아직 행동하지 않았음을 나타냅니다.

새로운 사이클이 시작되면 행동완료 캐릭터는 모두 미행동이 됩니다. 모든 플레이어는 캐릭터 시트의 이름 칸에서 주사위를 치웁니다.

라이브 페이즈에서도 라운드마다 같은 처리를 합니다.

라운드에 관해서는「6·02 라운드」를 참조하시기 바랍니다.

4 인트로 페이즈

인트로 페이즈는 세션의 도입부를 다루는 페이즈(단계)입니다.

PC 각각을 소개하거나, 세션 중에 일어나는 사건의 계기를 설명하거나 합니다.

우선 「1·01·01 가입 순서 결정」에서 정한 순서대로 한 사람씩 캐릭터 소개를 합니다.

4·01 자기소개

차례대로 돌아가며 플레이어는 각자 자기 캐릭터가 어떤 인물인지 참가자들에게 소개합니다.

자기소개를 어떻게 해야 할지 모르겠다면 다음 세 가지 사항을 이야기해봅시다. 대략적인 캐릭터의 인상이 그려질 것입니다.

· 이름과 연령과 성별
· 담당 【악기】
· 【경위】

또한 여유가 있으면 밴드에 가입하게 된 구체적인 계기나 【악기】 경력 등을 상상하면서 이야기해봅시다.

이때 PC 설정을 풍부하게 만들 아이디어가 있다면 게임 마스터 및 플레이어들은 적극적으로 제시해봅시다. 아이디어를 채용할지 말지는 자기소개를 하고 있는 플레이어가 판단합니다.

플레이어는 자기 PC의 배경 설명을 마쳤다고 생각한다면 자기소개를 끝내고 다음 플레이어에게 차례를 돌립니다.

모든 플레이어가 자기소개를 끝내면 이어서 밴드명을 결정합니다.

4·02 밴드명 결정

PC들의 밴드명을 정하지 않은 경우 이 타이밍에 결정합니다.

딱히 아이디어가 없는 경우 178p에 있는 만능 명명 표나 형용 명명 표를 사용해보는 것을 추천합니다. 원하는 표를 2번 굴리고, 그 결과를 조합해서 밴드명을 결정하시기 바랍니다.

단순히 단어를 조합하거나, 또는 영어를 쓰거나 문장형으로 만들어도 그럴싸한 밴드명이 됩니다. 예를 들어 '봄'과 '비행기'를 조합해서 '봄비행기'라고 하거나, '복숭아'와 '물고기'를 조합해서 'Peach Fish'라고 하거나, 아니면 '고양이'와 '노래'를 조합해서 '노래하는 회색 고양이'라고 할 수도 있습니다.

4·03 리더 위임

창립자는 다른 사람에게 리더를 위임하는 경우 이 타이밍에 다른 PC를 지명할 수 있습니다.

이때 누가 리더가 될지 플레이어 간에 얘기를 나눠도 되지만, 최종결정권은 창립자에게 있습니다.

4·04 메인 시나리오

이어서 게임 마스터는 마스터 장면을 통해 메인 시나리오에 대해서 설명합니다.

『스트라토 샤우트』에서는 한 세션에 두 이야기가 동시에 진행됩니다. 그 중에 세션의 주축이 되는 것이 메인 시나리오입니다.

메인 시나리오를 통해 PC들은 누군가에게 노래를 전하여 문제를 해결하기 위한 활력을 줄 수 있습니다. 이 문제를 「굴레」, 문제를 끌어안은 사람을 「타깃」이라고 부릅니다.

메인 시나리오의 최종 목적은 타깃을 굴레에서 구해내는 것입니다. 음악의 힘으로 좋아하는 사람에게 고백하지 못하는 타깃의 등을 밀어주거나, 풀죽어 있는 타깃을 북돋아주거나 합니다. 이야기의 결말도 메인 시나리오에 의해 큰 영향을 받습니다.

4·04·01 타깃

게임 마스터는 타깃을 PC에게 소개합니다. 타깃은 PC가 라이브 페이즈에 노래를 전하는 상대이며, 메인 시나리오의 중심 NPC입니다.

타깃은 PC 중 누군가 1명 이상과 아는 사이입니다. 자세한 것은 「4·04·02 초기 인연 획득」을 참조하시기 바랍니다.

타깃의 굴레는 PC가 그 마음에 다가감으로써 조금씩 알 수 있게 됩니다. 타깃의 마음에 다가가는 것도 PC의 중요한 역할이라고 할 수 있습니다.

4·04·02 초기 인연 획득

인트로 페이즈에서 PC는 타깃에 대한 【인연】을 획득할 수 있습니다.

우선 PC 중에서 1명, 타깃에 대한 【인연】을 가진 인물을 정합니다. 플레이어는 자신이나 다른 플레이어를 추천할 수 있고, 게임 마스터가 추천해서 결정해도 됩니다.

그렇게 정하면 그 PC는 타깃에 대한 【인연】을 1점 획득합니다. 속성도 맞춰서 정합니다.

그 외의 PC가 타깃에 대한 【인연】을 획득하고 싶다면, 자유 특기로 판정합니다. 성공한 플레이어는 타깃에 대한 【인연】을 1점 획득할 수 있습니다. 마찬가지로 속성도 맞춰서 정합니다. 이 판정을 초기 인연 획득 판정이라고 부릅니다.

【인연】을 획득한 플레이어는 PC와 타깃이 어떤 관계인지 간단히 정해 두면 좋을 것입니다.

4·05 서브 시나리오

『스트라토 샤우트』에서 동시에 진행하는 두 가지 시나리오 중 세션의 사이드 스토리가 바로 서브 시나리오입니다.

서브 시나리오의 최종 목적은 PC들이 품고 있는 문제를 해결하는 것입니다. 망가진 악기를 대신할만한 것을 입수하거나, 조난 당한 산속에서 탈출하거나 하는 것입니다.

서브 시나리오를 해결하면 결의 장면에서 【컨디션】을 획득하기 쉽게 되고, 라이브 페이즈 전투에서 유리하게 됩니다. 자세한 것은 「5·05 백 스테이지 장면」을 참조하시기 바랍니다.

서브 시나리오는 몇 가지 스텝이 설정되어 있습니다. 스텝이란, 서브 시나리오를 클리어하기 위해 필요한 장면의 요소를 말합니다. 예를 들면 '악기가 부서져 버렸다!'라는 서브 시나리오가 있다면, '새로운 악기를 찾는다', '악기를 사기 위해 알바를 한다' 등의 스텝을 설정할 수 있을 것입니다.

PC는 스텝에 따라 장면을 연출하며 서브 시나리오를 진행할 수 있습니다. 자세한 것은 「5·04 분주 장면」을 참조하시기 바랍니다.

4·06 시나리오 시트 공개

게임 마스터는 플레이어에게 시나리오 시트를 공개합니다.

시나리오 시트에는 「굴레 상태」, 「스텝」 등 시나리오에 관한 중요한 정보가 정리되어 있습니다.

4·06·01 굴레 카드

굴레 카드란, 굴레의 데이터를 기입해둔 카드입니다. 왼쪽의 검은 면을 「앞면」, 오른쪽의 하얀 면을 「뒷면」이라고 부릅니다. 라이브 페이즈에서는 인쇄한 카드를 중앙에 접어놓고 사용합니다.

굴레 카드는 뒷면이 미공개인 상태로 나오는 「출현 상태」와 플레이어가 뒷면을 자유롭게 확인할 수 있는 「공개 상태」가 있습니다.

공개 상태인 굴레 카드는 접은 것을 펴서 보기 좋게 해둡시다.

4·06·02 굴레 상태

「굴레 상태」 칸은 굴레 카드가 출현 상태인지, 또는 공개 상태인지를 나타냅니다.

굴레 카드가 새롭게 출현, 또는 공개되었을 때 게임 마스터는 대응하는 체크 박스에 표시합니다.

4·06·03 스텝

서브 시나리오의 스텝이 얼마나 진행되었는가를 나타냅니다. PC가 스텝을 진행할 때마다 게임 마스터는 대응하는 체크 박스에 표시합니다.

4·07 가사 시트 공개

게임 마스터는 플레이어에게 가사 시트를 공개합니다.

가사 시트에는 PC들이 라이브에서 연주하는 곡의 가사가 실려있습니다.

가사는 세 가지 파트로 나뉘어 있습니다. 게임에서는 각각 A파트, B파트, C파트로 정의합니다.

5 드라마 페이즈

드라마 페이즈는 게임의 중심이 되는 페이즈입니다. 이 페이즈는 일반적으로 2사이클을 합니다.

플레이어는 각 사이클에서 1번씩 장면 플레이어가 되어 장면을 연출합니다.

제2 사이클 마지막에 백스테이지 장면이라는 것도 합니다. 백스테이지 장면은 마스터 장면의 일종입니다. PC 전원이 참가하여 규칙에 따라 진행합니다.

백스테이지 장면이 종료되면 드라마 페이즈도 종료하고 라이브 페이즈로 넘어갑니다.

5·01 드라마 장면

드라마 페이즈에서 하는 장면은 플레이어가 장면 플레이어가 되는 드라마 장면과 게임 마스터가 장면 플레이어가 되는 마스터 장면의 두 종류가 있습니다.

드라마 장면에서는 「5·03 접근 장면」, 「5·04 분주 장면」, 「5·05 연습 장면」의 세 종류가 있고, 장면 플레이어는 그 중에서 하나를 골라서 합니다. 어느 장면을 고르더라도 장면 플레이어가 주체가 되어 연출을 하게 됩니다.

우선 장면 플레이어는 장면의 종류마다 지정된 표를 사용해 장면의 시추에이션이나 전개를 정합니다.

이어서 장면 플레이어는 그 장면의 등장인물을 정합니다. 엑스트라는 자유롭게 등장시킬 수 있습니다. NPC나 PC는 그 캐릭터의 주인이 허가하면 등장시킬 수 있습니다.

장면의 시추에이션과 등장인물이 정해지면 장면 플레이어는 장면을 연출하고, 원하는 타이밍에 판정을 합니다. 「접근 판정」, 「분주 판정」, 「연습 판정」 중에서 장면 종류에 따른 판정을 하게 됩니다.

마지막으로 장면 플레이어는 【프레이즈】를 획득하고 장면을 종료합니다.

規칙 파트

5·02 프레이즈 획득

　드라마 장면의 마지막에 장면 플레이어는 그 장면과 어울리는 가사 한 줄을 가사 시트에서 찾아서 형광펜 등으로 표시합니다. 표시한 가사를 【프레이즈】라고 부르고, 장면 플레이어가 획득합니다.

　장면과 어울리는 가사 한 줄이란, 예를 들면 달을 보는 장면을 했다면 "달이 예쁘다" 같은 가사, 동료와 담소하는 장면을 했다면 "웃음이 가득했던 나날" 같은 가사 등 공통의 요소를 가진 가사를 가리킵니다.

　이때 가사를 확대해석하거나, 비틀어서 받아들여도 상관없습니다. 너무 엄밀할 필요는 없으므로 세션이 재밌게 될 수 있도록 【프레이즈】를 획득해주십시오.

　어떤 【프레이즈】를 획득할지, 다른 플레이어와 상의해도 됩니다.

　【프레이즈】의 길이는 딱히 제한이 없지만, 너무 길면 다른 플레이어와 표시가 겹쳐버릴 수도 있다는 점에 주의하시기 바랍니다. 【프레이즈】는 몇 자에서 한 줄 정도의 길이가 적당합니다. 또한 다른 플레이어의 【프레이즈】의 일부, 또는 전체와 겹치듯이 획득하는 것도 규칙상 괜찮습니다.

　획득하는 【프레이즈】가 정해지면 게임 마스터는 【프레이즈】의 내용에 비추어 가장 관련성이 높은 특기를 특기 리스트에서 골라 장면 플레이어에게 제안합니다. 그런 특기가 여럿이라고 생각되면 여러 개를 제안할 수 있습니다. 이때, 플레이어도 게임 마스터에게 제안해도 됩니다.

　장면 플레이어는 제안받은 특기 중에서 하나를 골라 【프레이즈】 지정 특기로 삼습니다. 획득한 【프레이즈】와 지정 특기를 각각 캐릭터 시트에 기입합니다.

5·02·01 프레이즈 획득 제한

　【프레이즈】 획득에는 몇 가지 제한이 있습니다.

　플레이어 한 명이 같은 파트에서 여러 개의 【프레이즈】를 획득할 수는 없습니다. 가령 제1 사이클에 A파트에서 【프레이즈】를 획득했다면, 제2 사이클에는 B파트나 C파트에서 획득해야 합니다.

　또한 【프레이즈】 하나를 2개 이상의 파트에 걸쳐서 획득할 수는 없습니다.

5·03 접근 장면

장면 플레이어가 타깃에 대한 이해를 넓히고, 굴레의 【정체】를 알아가는 장면입니다.

우선 장면 플레이어는 출현 상태인 굴레 중에서 【정체】를 밝히고 싶은 것을 하나 고릅니다. 이어서 장면 표를 사용하여 장면의 시추에이션을 정하고, 등장인물을 지정합니다. 장면 표는 게임 마스터가 지정하는 것을 사용합니다.

장면 플레이어는 장면을 연출하고, 타깃의 굴레를 이해할 수 있었는지 판정합니다. 판정하는 타이밍은 연출하기 전이어도 되고, 연출한 후여도 됩니다. 이 판정을 접근 판정이라 부릅니다. 접근 판정에서는 굴레 카드의 앞면에 써진 지정 특기를 하나 골라 사용합니다.

접근 판정에 성공하면 장면 플레이어는 타깃의 굴레를 이해하게 됩니다. 고른 굴레 카드를 공개 상태로 하고, 뒷면의 내용을 읽어주십시오. 그리고 장면 플레이어는 【컨디션】을 3점 획득합니다.

접근 판정에 실패하면 장면 플레이어는 타깃의 굴레를 이해할 수 없습니다. 【디스코드】를 1점 획득합니다.

또한 판정의 성패에 상관없이 장면 플레이어는 타깃에 대한 【인연】을 1점 획득합니다. 【인연】의 속성도 맞춰서 정해주십시오.

마지막으로 【프레이즈】를 획득하고, 장면을 종료합니다.

203~204p에 접근 장면에 사용할 수 있는 장면 표를 네 종류 준비했습니다. 게임 마스터는 이 중에 어느 것을 사용할지 사전에 정해두면 좋을 것입니다.

또한 시나리오 분위기에 맞는 장면 표가 없다면, 직접 장면 표를 만들어도 좋습니다.

장면 표
어떤 시나리오에도 사용할 수 있는 범용적인 장면 표입니다.

학교 장면 표
학교가 무대인 장면을 정하는 장면 표입니다.

거리 장면 표
거리가 무대인 장면을 정하는 장면 표입니다.

밴드 장면 표
밴드에 관한 장면을 정하는 장면 표입니다. 주로 타깃이 밴드맨인 시나리오에 사용합니다.

장면 표
2 혼자만의 시간. 불현 듯 과거의 기억이 떠오른다. 그러고 보니 이전에 그런 일이 있었던 것 같은...
3 어디선가 말싸움을 하는 것 같은 소리가 들렸다. 싸움인가?
4 날이 어두워지고, 주변은 적막에 휩싸였다. 그녀석은 지금 뭘하고 있을까.
5 동료와 함께 식사를 하고 있자니 화제가 자연스럽게 그 이야기로...
6 웃음이 가득한 공간. 이런 시간이 계속 이어지면 좋을 텐데.
7 햇볕이 드는 곳. 바쁜 일상에서 벗어나서 조용한 시간을 보낸다.
8 스마트폰에서 알림음이 울렸다. 전화? 문자? 누구일까.
9 갑자기 당신에게 찾아온 사람이 있었다. 뭔가 전하고 싶은 것이 있는 듯하다.
10 분실물 하나를 발견했다. 찾아주는 것이 좋을까.
11 누가 뜬소문을 얘기하고 있다. 들을 생각은 없었지만 멋대로 듣게 됐다.
12 왠지 오한이 느껴진다. 뭔가 좋지 않은 일이 일어난 것 같은데...

학교 장면 표
2 교사 뒤편. 무언가 얘기를 나누던 두 사람을 발견했다. 대체 무슨 얘기를 하고 있던 걸까...?
3 어느 부실. 부원들은 부활동에 전념하고 있는 것 같지만...
4 선생님이 타깃에 대해 물어본다. 뭔가 신경쓰일만한 점이 있는 것 같다.
5 나무들 사이로 아침햇살이 비추는 통학로. 어떤 이는 서두르고, 어떤 이는 즐겁게 학교로 가고 있다.
6 쉬는 시간. 교실 여기저기서 들려오는 시답잖은 잡담. 그 중에서 신경쓰이는 얘기를 들었다.
7 모든 것이 붉게 물드는 해질녘. 학생들은 학업에서 해방되어 남은 하루를 자유롭게 보낸다.
8 이동 수업. 이동하는 복도에서 아래를 보니 낯익은 사람이 있었다.
9 점심시간. 학생들은 각자 자리를 찾아 점심을 먹는다. 자, 나는 어디서 먹을까.
10 선생님에게 심부름 하나를 부탁받았다. 빨리 끝내버리자.
11 슬슬 학교가 문닫을 시간이다. 불이 켜져 있는 교실은 별로 없다.
12 스피커에서 교내 방송이 울려퍼진다. 누군가를 부르는 것 같은데...?

거리 장면 표

2 가본 적 없는 곳에 처음으로 오고 말았다. 약간 긴장된다.

3 알바하는 곳. 알바 동료가 의외의 사실을 알려주었다.

4 말도 제대로 안 들릴 정도의 대음량으로 들리는 음악. 그 자리에 있는 것만으로도 기분이 고조된다.

5 횡단보도에서 신호가 바뀌기를 기다리니 낯익은 인물의 모습을 발견했다.

6 갑작스러운 비에 발길을 서두르는 사람들. 나도 빨리 돌아가야지.

7 그냥 들린 가게에서 지인과 마주쳤다. 이런 곳에서 뭘 하는 거지?

8 연습을 끝내고 들린 음식점에서 의외의 인물을 발견했다. 잠깐 상황을 볼까.

9 여기저기서 아이들이 웃고 떠드는 소리가 들린다. 나도 저런 시절이 있었나.

10 소리 하나 없는 정적 속 세계. 가끔은 소리에서 벗어나는 것도 좋다.

11 전철 안. 손잡이를 잡은 채로 흔들리고 있자니 낯익은 승객을 발견했다.

12 노래방의 복도를 걷고 있자니 어디선가 낯익은 목소리가...?

밴드 장면 표

2 인터넷에서 음악 전문 뉴스 사이트를 확인한다. 꽤 다양한 기사가 실려있다.

3 의외의 장소에서 연습하는 인물을 발견했다. 잠깐 말 걸어볼까.

4 약간 벽을 느끼고 말았다. 다른 사람이랑 상담해보는 게 좋을지도...

5 라이브를 보려고 라이브 하우스에 왔다. 어떤 무대일까.

6 상의하기 위해서 라이브 하우스에 와있는 것은 우리 뿐만이 아닌 것 같다.

7 연습을 끝내고 집에 돌아가는 길. 그녀석도 연습이 끝났을 즈음인가.

8 어디선가 악기 소리가 들린다. 누가 연주하고 있는 건가.

9 열기로 가득 찬 방을 나와서 잠시 숨을 돌리는 스튜디오 대기실. 소파에 앉아있는 것은...

10 들린 악기점에서 낯익은 인물을 발견했다. 뭘 하러 온 걸까.

11 최신 히트송을 틀어놓은 CD샵 내부. 다음은 어떤 곡을 할까...

12 그냥 내본 소리가 어느새 즉석 세션으로 이어졌다. 가볍게 실력을 발휘해볼까.

5·04 분주 장면

장면 플레이어가 동료와 함께 서브 시나리오를 해결하는 장면입니다.

우선 장면 플레이어는 시나리오 시트에 적힌 스텝 중 무엇을 장면에서 연출할지 선언합니다. 한 장면에는 한 스텝만 연출할 수 있습니다.

스텝은 알파벳으로 순서를 지정합니다. 이때, 한 단계 앞의 스텝을 전부 클리어하지 않으면 다음 스텝을 연출할 수 없습니다. 예를 들어 A스텝을 모두 클리어하지 않으면 B스텝을 연출할 수 없습니다.

EX는 모든 스텝을 클리어한 다음에 선택할 수 있는 스텝입니다. 진행은 일반적인 스텝과 같습니다.

EX스텝을 클리어함으로써 서브 시나리오 달성 여부가 달라지는 것은 아니지만, 클리어한 EX스텝도 다른 스텝과 마찬가지로 결의 판정의 목표치를 낮춥니다. 결의 판정에 관해서는 「5·06·01 결의 판정」을 참조하시기 바랍니다.

스텝이 정해지면 장면 플레이어는 장면 전개 표를 사용하여 장면에서 발생하는 전개를 정합니다. 동시에 장면 플레이어는 장면 전개 표의 결과에 적힌 【디스코드】 또는 【컨디션】을 획득합니다.

이어서 장면 플레이어는 등장인물을 지정합니다. 등장인물 중 1명 이상은 PC여야 합니다.

장면 플레이어는 장면을 연출하고, 스텝을 클리어할 수 있었는지 판정합니다. 판정하는 타이밍은 연출하기 전이어도 되고, 연출한 후여도 됩니다. 이 판정을 분주 판정이라 부릅니다. 분주 판정은 자유 특기를 사용합니다.

분주 판정에 성공하면 스텝을 클리어하고 서브 시나리오의 해결에 가까워집니다. 시나리오 시트의 스텝 칸에 체크를 표시합니다.

또한 판정 성패에 상관없이 장면 플레이어는 장면에 등장한 PC 1명을 고르고, 그 PC에 대한 【인연】을 획득합니다. 장면 플레이어는 관계 표를 굴려서 【인연】의 속성을 정합니다.

마지막으로 【프레이즈】를 획득하고, 장면을 종료합니다.

5·05 연습 장면

장면 플레이어가 라이브 연습을 하는 장면입니다.

우선 장면 플레이어는 장면 전개 표를 사용하여 장면에서 발생하는 전개를 정합니다. 동시에 장면 플레이어는 장면 전개 표의 결과에 적힌 【디스코드】 또는 【컨디션】을 획득합니다.

장면 전개가 정해지면 장면 플레이어는 등장인물을 지정합니다.

장면 플레이어는 장면을 연출하고, 연습을 잘했는지 판정합니다. 판정하는 타이밍은 연출하기 전이어도 되고, 연출한 후여도 됩니다. 이 판정을 연습 판정이라 부릅니다. 연습 판정은 랜덤 특기를 사용합니다.

연습 판정에 성공하면 연습이 잘된 것입니다. 장면 플레이어는 1D6을 굴려 나온 수치를 【기량】에 더합니다.

마지막으로 【프레이즈】를 획득하고, 장면을 종료합니다.

5·06 백스테이지 장면

제2 사이클이 끝나면 마스터 장면으로서 백스테이지 장면을 넣습니다.

이 장면의 무대는 라이브가 시작하기 직전입니다. 장소는 공연 직전의 스테이지 뒤편이나 라이브 전날 PC의 집 등이 쓰기 쉽습니다.

우선 게임 마스터는 서브 시나리오를 클리어했는지 확인합니다.

클리어했다면 PC 전원은【컨디션】을 1D6점 획득합니다.

5·06·01 결의 판정

백스테이지 장면에서는【디스코드】를 가진 PC는 결의 판정을 할 수 있습니다.

이것은 지금까지 있었던 싫은 일을 떨쳐내고 무대에 집중할 수 있는지를 정하는 판정입니다.

목표치는 [9-클리어한 스텝의 수]입니다. 판정에 특기는 사용하지 않습니다.

판정하는 PC에 대해 누군가가【인연】을 갖고 있다면, 그 강도만큼 판정에 플러스 수정치가 적용됩니다.

단, 결의 판정은【컨디션】을 소비해서 재굴림할 수 없습니다.

판정에 성공하면【디스코드】의 2배만큼【컨디션】이 증가합니다. 결의를 다짐으로써 과거의 일들을 발판으로 삼았다는 것을 나타냅니다.

판정에 실패하면【컨디션】이【디스코드】만큼 감소합니다.

예시: 백스테이지 장면에서 오토야는【컨디션】을 3점,【디스코드】를 2점 갖고 있었습니다.

서브 시나리오는 스텝 3개를 클리어해서 완료했으므로, 먼저 획득할【컨디션】을 정하기 위해 1D6을 굴립니다. 5가 나왔으므로【컨디션】이 5점 증가하여 8점이 됩니다.

다음으로【디스코드】가 있기 때문에 결의 판정을 합니다. 스텝 3개를 클리어했으므로, 목표치는 9에서 3을 뺀 6입니다. 주사위를 굴려서 5가

나왔지만, 마구로가 오토야에 대한 강도가 1점인 【인연】을 갖고 있으
므로 달성치는 6이 돼서 결의 판정은 성공했습니다.

　소지한 【디스코드】 2점의 2배인 4점의 【컨디션】을 획득합니다. 이제
오토야의 【컨디션】은 12점입니다.

	장면 전개 표	
11	절망	스텝을 더 어렵게 하거나, 장면 플레이어를 파멸로 몰아넣는 상황에 빠집니다. 【디스코드】 +2점.
12	붕괴	스텝으로 인해 장면 플레이어의 소중한 것이 붕괴하는, 또는 붕괴 직전에 놓입니다. 【디스코드】 +2점.
13	단절	장면 플레이어는 스텝에 의해 무언가와 절연하게 됩니다. 【디스코드】 +2점.
14	공포	스텝을 두렵게 만드는 일과 조우합니다. 【디스코드】 +2점.
15	오해	장면 플레이어가 스텝에 관한 어떤 오해를 삽니다. 【디스코드】 +2점.
16	시련	장면 플레이어는 스텝에 관한 시련과 직면합니다. 【디스코드】 +2점.
22	심마	장면 플레이어는 나쁜 생각을 갖게 되어 스텝을 불합리하게 해결하려고 합니다. 【디스코드】 +1점.
23	속박	스텝에 관한 무언가에 속박되어 자유롭게 행동하지 못하게 됩니다. 【디스코드】 +1점.
24	흉조	스텝에 관해서 무언가 나쁜 일이 일어날 것 같은 전조가 찾아옵니다. 【디스코드】 +1점.
25	가속	장면 플레이어는 스텝 해결에 쫓기게 됩니다. 【디스코드】 +1점.
26	일상	장면 플레이어는 느긋하게 일상을 보냅니다. 【컨디션】 +1점.
33	휴식	스텝에 대해 잊어버릴 것 같은 평온한 한 때를 보냅니다. 【컨디션】 +1점.
34	길조	스텝에 관해서 무언가 좋은 일이 일어날 것 같은 전조가 찾아옵니다. 【컨디션】 +1점.
35	발견	장면 플레이어는 스텝에 대해 무언가를 발견합니다. 【컨디션】 +1점.
36	희망	장면 플레이어에게 스텝에 대한 긍정적인 노력을 할 의지가 생깁니다. 【컨디션】 +1점.
44	성장	스텝을 통해 장면 플레이어가 성장합니다. 【컨디션】 +2점.
45	애정	스텝을 통해 장면 플레이어가 애정을 느낍니다. 【컨디션】 +2점.
46	낭보	스텝에 관한 좋은 소식을 맞이합니다. 【컨디션】 +2점.
55	호전	스텝이 좋은 방향으로 향하는 사건이 일어납니다. 【컨디션】 +3점.
56	직감	스텝을 해결할 수 있는 결정적인 깨달음을 얻습니다. 【컨디션】 +3점.
66	기적	스텝에 관한 기적적인 행운을 맞이합니다. 【컨디션】 +3점.

6 라이브 페이즈

라이브 페이즈에서는 PC들이 시나리오에 설정된 라이브를 합니다.

PC의 목적은 연주를 통해 음악으로 공격하여 밴드와 타깃의 마음의 거리인 DP(디스턴스 포인트)를 0점으로 만드는 것입니다.

라이브 페이즈에서는 모든 PC가 등장합니다.

게임 마스터는 공개 상태가 아닌 굴레 카드를 모두 펼쳐서 내놓습니다.

6·01 소리가 보여주는 광경

라이브 페이즈에서 PC는 어떤 연출을 해도 상관없습니다. 예를 들면 그 자리에 밴드와 타깃만 남는다거나, 라이브 회장에 운석이 떨어지거나, 기타가 불타오르거나... 같은 연출들도 가능합니다.

이것은 음악이 사람들에게 보여주는 꿈같은 것으로, 라이브 페이즈가 종료된 시점에서는 아무 일도 없던 것이 됩니다. 이를「소리가 보여주는 광경」이라고 부릅니다.

6·02 라운드

라이브 페이즈에서는 사이클이나 장면이 아니라 라운드를 반복하여 처리합니다. 한 라운드는 다음 순서로 처리합니다.

① **라운드 개시**
② **리프레시**
③ **행동 처리**
④ **라운드 종료**

사이클과 마찬가지로 PC 전원이 1번씩 차례를 마치면 라운드가 종료됩니다.

원칙상 라이브 페이즈는 3라운드로 진행됩니다.

6·02·01 미행동과 행동완료

PC는 미행동 상태와 행동완료 상태로 구분됩니다.
라이브 페이즈 개시 시에 모든 PC는 미행동이 됩니다.
미행동 PC는 「6·06 행동 처리」를 할 수 있습니다.
행동완료 PC는 「6·05 리프레시」로 인해 미행동이 됩니다.

6·03 가사 시트

가사 시트에 적힌 가사는 A파트, B파트, C파트의 세 부분으로 나뉘어
있습니다. 이 파트들은 라이브 페이즈에서 각각 제1 라운드, 제2 라운
드, 제3 라운드에 대응합니다.

6·04 라운드 개시

새로운 라운드가 개시됩니다. 이 타이밍에 효과를 발휘하는 굴레가 있
으면 그 효과를 적용합니다.

6·05 리프레시

새로운 라운드가 되면 모든 PC가 미행동이 되고, 굴레가 부활합니다.
굴레는 제1 라운드에는 부활하지 않습니다.
굴레의 부활에 대해서는 「6·08·03 굴레의 부활」을 참조하시기 바랍니다.
또한 굴레의 【지배력】이 감소되었다면, 모두 원래 수치로 되돌립니다.

6·06 행동 처리

각 PC는 한 라운드에 1번씩 행동할 수 있습니다. 행동 순서는 자유입
니다.
행동한 PC는 행동완료가 됩니다.

스트라토 샤우트

일반 공격 —————————————————————
타깃이나 굴레를 공격합니다.

프레이즈 공격 —————————————————————
【프레이즈】를 사용해서 타깃이나 굴레에게 강력한 공격을 합니다.

일반 회복 —————————————————————
자신의 【컨디션】을 회복합니다.

프레이즈 회복 —————————————————————
【프레이즈】를 사용해서 【컨디션】을 대폭 회복합니다.

프레이즈 버스트 —————————————————————
【프레이즈】를 사용해서 매우 강력한 효과를 발생시킵니다. 세션에
1번만 쓸 수 있습니다.

　【프레이즈】를 사용하는 행동은 자기 PC가 현재 라운드에 대응하는 파
트에 【프레이즈】를 갖고 있어야 가능합니다.
　【프레이즈】를 사용하지 않는 행동은 【프레이즈】가 없어도 할 수 있습니다.
　【프레이즈】가 있었지만 사용하지 않은 경우, 미사용인 채로 다음 라운
드로 넘어갑니다. 이 【프레이즈】는 특수한 스킬의 효과 같은 것이 없는
한, 다음 라운드로 넘길 수는 없습니다.

6·06·01 일반 공격

　【프레이즈】를 사용하지 않는 공격입니다.
　타깃 1명이나 굴레 카드 1장을 대상으로 골라 공격합니다.
　공격의 성패는 판정으로 정합니다. 이것을 일반 공격 판정이라 부릅니다.
　공격 대상이 굴레라면 일반 공격 판정은 굴레 카드에 적힌 지정 특기
로 합니다.

공격 대상이 타깃이라면 일반 공격 판정에 사용하는 특기는 플레이어가 자유롭게 고를 수 있습니다.

판정에 성공하면 대상에게 [【악기 위력】+【기량】+이 판정에 소비한 【컨디션】]점의 대미지를 주고, 그만큼 대상의 【지배력】 또는 DP를 감소시킵니다.

6·06·02 프레이즈 공격

【프레이즈】를 사용하는 강력한 공격입니다.

타깃 1명이나 굴레 카드 1장을 대상으로 골라 공격합니다.

공격의 성패는 판정으로 정합니다. 이것을 프레이즈 공격 판정이라 부릅니다.

공격 대상에 상관없이 프레이즈 공격 판정은 【프레이즈】의 지정 특기를 사용합니다.

판정에 성공하면 대상에게 [【악기 위력】+【기량】+이 판정에 소비한 【컨디션】+2D6]점의 대미지를 주고, 그만큼 대상의 【지배력】 또는 DP를 감소시킵니다.

6·06·03 일반 회복

【프레이즈】를 사용하지 않고 자신의 【컨디션】을 회복합니다.

회복의 성패는 판정으로 정합니다. 이것을 일반 회복 판정이라 부릅니다.

일반 회복 판정에 사용하는 특기는 플레이어가 자유롭게 고를 수 있습니다.

판정에 성공하면 【컨디션】을 1D6점 획득합니다.

6·06·04 프레이즈 회복

【프레이즈】를 사용하여 자신의 【컨디션】을 대폭 회복합니다.

회복의 성패는 판정으로 정합니다. 이것을 프레이즈 회복 판정이라 부릅니다.

프레이즈 회복 판정에 사용하는 특기는 플레이어가 자유롭게 고를 수 있습니다.

판정에 성공하면 【컨디션】을 2D6점 획득합니다.

6·06·05 프레이즈 버스트

PC가 소지한 프레이즈 버스트를 발동합니다.

프레이즈 버스트의 성패는 판정으로 정합니다. 행동 대상에 상관없이 프레이즈 버스트 판정은 【프레이즈】의 지정 특기를 사용합니다.

6·06·06 스킬 사용

PC가 소지한 스킬을 사용합니다.

스킬 사용의 성패는 판정으로 정합니다. 판정은 스킬에 지정된 특기를 사용합니다.

6·06·07 판정의 호칭과 정의

일반 공격 판정과 프레이즈 공격 판정을 합쳐서 「공격 판정」, 일반 회복 판정과 프레이즈 회복 판정을 합쳐서 「회복 판정」이라 부릅니다.

행동 표

	【프레이즈】 미사용	【프레이즈】 사용
공격	**일반 공격** **효과** 대상의 【지배력】 또는 DP를 감소 **지정 특기** 대상에 따라 다름 **대미지** 【악기 위력】 +【기량】 +소비한 【컨디션】	**프레이즈 공격** **효과** 대상의 【지배력】 또는 DP를 크게 감소 **지정 특기** 【프레이즈】의 지정 특기 **대미지** 【악기 위력】 +【기량】 +소비한 【컨디션】 +2D6
회복	**일반 회복** **효과** 자신의 【컨디션】을 회복 **지정 특기** 자유 **회복량** 1D6	**프레이즈 회복** **효과** 자신의 【컨디션】을 회복 **지정 특기** 자유 **회복량** 2D6
프레이즈 버스트	※【프레이즈】를 사용할 수 없는 경우, 프레이즈 버스트는 사용 불가.	**프레이즈 버스트** **효과** 세션에 1번, 강력한 효과 **지정 특기** 【프레이즈】의 지정 특기

6·07 **타깃**

PC가 타깃에 대한 대미지를 주면 타깃이 가진 DP(디스턴스 포인트)라는 수치가 감소합니다. 이 수치는 밴드와 타깃 간의 마음의 거리를 나타냅니다. DP가 0점이 되었을 때, 타깃의 마음에 노래가 완전히 전해진 것입니다.

모든 라운드가 종료되기 전에 DP가 0점이 되면 라이브 성공, 모든 라운드가 종료된 시점에서 DP가 1점이라도 남아있다면 라이브 실패입니다.

6·07·01 **라스트 스퍼트**

제3 라운드에는 모든 PC가 주는 대미지가 +1D6점 상승합니다.

6·07·02 **타깃에 대한 인연**

타깃에 대한 【인연】을 소비하면 다음 효과 중 하나를 선택하여 발동할 수 있습니다.

달성치 상승 ─────────────────────

자신이 판정에 주사위를 굴린 직후에 사용합니다. 자신이 타깃에 대한 【인연】을 1점 소비할 때마다 자신의 달성치가 1점 상승합니다.

대미지 상승 ─────────────────────

자신이 대미지를 결정하기 위한 주사위를 굴린 직후에 사용합니다. 자신이 타깃에 대한 【인연】을 1점 소비할 때마다 자신이 주는 대미지가 1D6점 상승합니다.

회복량 상승 ─────────────────────

자신이 【컨디션】의 회복량을 결정하는 주사위를 굴린 직후에 사용합니다. 자신이 타깃에 대한 【인연】을 1점 소비할 때마다 자신이 회복하는 【컨디션】이 2점 상승합니다.

6·08 굴레

매 라운드마다 굴레는 정해진 타이밍에 효과를 발동합니다. 타이밍은 각 굴레 카드마다 그 뒷면에 적혀있습니다.

6·08·01 지배력

굴레가 얼마나 타깃의 마음속 깊은 곳까지 뿌리내렸는지를 나타내는 수치입니다.

굴레 카드의 뒷면에는 공개 시의 【지배력】과 비공개 시의 【지배력】이 적혀있습니다.

굴레 카드가 세션에서 공개 상태가 됐다면 【지배력】은 공개 시를 사용합니다.

굴레 카드가 세션에서 공개 상태가 된 적이 없다면 【지배력】은 비공개 시를 사용합니다.

굴레에게 주는 대미지가 【지배력】 이상이면 굴레는 무력화됩니다. 무력화된 굴레 카드는 시트 위에서 제거합니다.

공격 한 번으로 【지배력】 이상의 대미지를 주지 못했다면, 그 대미지를 누적되어 다음 공격의 대미지와 합산됩니다.

6·08·02 굴레의 공격

설정된 타이밍에 무력화되지 않은 굴레는 굴레 카드 뒷면에 적힌 효과를 발동합니다. 굴레는 공격 판정을 하지 않고, 전부 자동 성공합니다.

타이밍은 다음과 같은 것들이 있습니다.

상시

굴레가 무력화되지 않은 한, 효과를 항상 발동한다. 무력화되면 그 효과는 소멸한다.

스트라토 샤우트

라운드 종료 시 ─────────────────────

굴레가 무력화되지 않은 채로 라운드가 종료되었을 때 효과를 발동한다. 무력화되면 그 효과는 발동하지 않는다.

특정 행동 시 ─────────────────────

PC가 특정 행동을 했을 때 효과를 발동한다. 무력화되면 그 라운드 동안 효과는 발동하지 않는다.

이 외의 타이밍에 효과를 발동하는 경우도 있는데, 그때는 굴레 카드나 게임 마스터가 지시하는 타이밍에 효과가 발동합니다.

6·08·03 굴레의 부활

매 라운드마다 「①리프레시」 타이밍에 굴레는 부활합니다.

시나리오에 지정되어 있지 않은 한, 게임 마스터는 무력화된 굴레 중 2장을 골라 무력화를 해제합니다.

무력화가 해제된 굴레는 무력화되기 이전의 상태로 돌아갑니다. 공격도 일반적으로 하게 됩니다.

6·09 라이브 페이즈 종료

타깃의 DP를 0점으로 만들거나, 모든 라운드가 종료되면 라이브 페이즈가 종료되고, 아웃트로 페이즈로 넘어갑니다.

7 아웃트로 페이즈

아웃트로 페이즈는 라이브 이후의 에피소드를 연출하거나 PC의 성장을 다루는 페이즈입니다.

7·01 에필로그

게임 마스터는 세션의 결과를 반영하여 자유롭게 하시기 바랍니다.

캐릭터의 이후 이야기를 간단하게 설명해도 되고, 한 사이클을 들여서 캐릭터 각각의 결말을 장면으로 연출해도 됩니다.

7·02 경험치 획득

각 캐릭터는 경험치를 획득합니다. 이때, 각 캐릭터의 플레이를 되돌아보며 「경험치 획득 조건」에 부합하는지 확인합니다.

각 조건 중에는 추상적이라 해석의 여지가 갈리는 것도 있습니다. 그 경우 참가자들끼리 논의해서 조건을 만족했는지 정합니다. 그래도 판단이 갈리면 최종적으로 게임 마스터가 정합니다.

얻은 경험치가 일정 이상이 되면 레벨이 상승합니다. 레벨을 올리기 위해 필요한 경험치와 레벨업 했을 때의 효과는 「레벨업 표」를 참조하시기 바랍니다.

경험치 획득 조건 표	
라이브 결과	라이브 페이즈에서 타깃의 DP를 0으로 만들었다면 모든 PC는 경험치 2점을 획득한다.
서브 시나리오	서브 시나리오를 클리어했다면 모든 PC는 경험치 2점을 획득한다.
작전	작전을 1번이라도 발동한 적이 있다면 경험치 1점을 획득한다.
롤플레이	플레이어가 캐릭터를 잘 연기했다면 경험치 1점을 획득한다.
프레이즈	세션에서 가장 장면에 어울리는 【프레이즈】를 획득한 PC는 경험치 1점을 획득한다. 판단이 갈리는 경우, 여럿이 해당하는 것으로 간주해도 된다.
심금을 울렸다	각 플레이어는 그 세션에서 가장 심금을 울린 캐릭터 1명을 골라서 그 캐릭터에게 경험치 1점을 줄 수 있다. 단, 자신을 고를 수는 없다. 아무도 고르지 않을 수는 있다.

레벨업 표

1레벨	0~5점	
2레벨	6~10점	스킬을 추가로 1개 습득한다.
3레벨	11~20점	【기량】이 1점 상승한다.
4레벨	21~30점	스킬을 추가로 1개 습득한다.
5레벨	31~45점	【기량】이 1점 상승한다.
6레벨	46~60점	갭을 1줄 채울 수 있다. 채운 갭은 목표치 산출 시 1칸으로 세지 않는다.
7레벨	61~75점	【기량】이 1점 상승한다.
8레벨	76~90점	스킬을 추가로 1개 습득한다.
9레벨	91~110점	갭을 1줄 채울 수 있다. 채운 갭은 목표치 산출 시 1칸으로 세지 않는다.
10레벨	111점 이상	【기량】이 1점 상승한다. 스킬을 추가로 1개 습득한다.

7·03 데이터 리셋

다음 처리를 합니다.

- 모든 【인연】의 강도를 0으로 합니다.
- 【디스코드】, 【컨디션】을 0으로 합니다.
- 【프레이즈】와 그 지정 특기를 지웁니다.
- 【기량】이 게임 개시 전의 상태로 돌아갑니다.

7·04 리스펙

캐릭터는 세션과 세션 사이에 특기나 작전을 다른 것으로 변경할 수 있습니다.

【악기】나 스킬을 변경하고 싶은 경우, 게임 마스터의 허가를 받도록 합니다.

8 스킬

지금부터는 스킬에 대해 소개합니다.

8·01 스킬 타입

스킬은 상시, 서포트, 라이브의 세 가지 타입이 있습니다.

상시는 습득한 시점에서 효과가 항상 발동되는 스킬입니다.

서포트는 지정된 타이밍에 발동할 수 있습니다. 장면이나 차례를 소비하지 않습니다.

라이브는 라이브 페이즈에 지정된 타이밍에 발동할 수 있습니다. 별다른 지정이 없다면 행동완료되지 않습니다.

8·02 스킬의 지정 특기

지정 특기란, 그 스킬의 효과를 사용하기 위해 필요한 특기입니다. 스킬에 지정 특기가 설정된 경우, 그 특기로 판정해서 성공해야만 효과를 발동할 수 있습니다.

또한 지정 특기를 선택할 수 있는 스킬도 있습니다. 그 경우에는 스킬에서 정해진 범위의 특기를 하나 골라 지정 특기로 삼을 수 있습니다. 지정 특기는 스킬 습득 시에 정하고, 게임 마스터의 허가 없이 변경할 수 없습니다.

8·03 스킬 사용 제한

서포트, 또는 라이브 타입 중 이름이 같은 스킬은 한 사이클에 1번만 사용할 수 있습니다. 라이브 페이즈에서는 라운드마다 1번씩만 사용할 수 있습니다.

8·04 스킬 습득 제한

이름이 같은 스킬은 별다른 지정이 없다면 PC 1명당 1개만 습득할 수 있습니다.

스트라토 사우트 스킬
올 라운더

지정 특기
없음
타입
상시

특기를 1개 더 습득할 수 있다. 이 스킬은 2개까지 습득할 수 있다.

스트라토 사우트 스킬
핫 스타트

지정 특기
없음
타입
상시

세션 개시 시, 【컨디션】을 2점 획득한다.

스트라토 사우트 스킬
사랑하는 사람

지정 특기
없음
타입
상시

【인연】을 【강도】 1점으로 획득한다. 대상은 누구라도 상관없다. 인트로 페이즈에서 가급적이면 대상과의 관계를 다른 참가자에게 설명할 것. 이 【인연】은 세션 종료 후에도 리셋되지 않는다.

스트라토 사우트 스킬
싱크로

지정 특기
없음
타입
상시

자신이 하는 접근 판정에 +1의 수정치를 적용한다.

스트라토 사우트 스킬
트러블슈터

지정 특기
없음
타입
상시

자신이 하는 분주 판정에 +1의 수정치를 적용한다.

스트라토 사우트 스킬
감수성

지정 특기
없음
타입
상시

장면 전개 표의 결과로 【컨디션】을 얻을 때, 추가로 【컨디션】을 1점 얻는다. 또한 장면 전개 표의 결과로 【디스코드】를 얻을 때에도 추가로 【디스코드】를 1점 얻는다.

스트라토 샤우트

스트라토 샤우트 스킬
전력투구
지정 특기
원하는 행동 분야 특기
타입
서포트

자신이 「이모션」 작전을 발동하거나, 누군가의 「이모션」 효과를 자신이 받았을 때 사용할 수 있다. 지정특기 판정에 성공하면 작전으로 증가하는 대미지가 [1D6+6]이 된다. 이 효과는 세션에 2번까지 사용할수 있다.

스트라토 샤우트 스킬
무대 경험
지정 특기
원하는 신체 분야 특기
타입
서포트

자신이 「테크닉」 작전을 발동하거나, 누군가의 「테크닉」 효과를 자신이 받았을 때 사용할 수 있다. 지정특기 판정에 성공하면 작전으로 증가하는 【컨디션】이 6점이 된다. 이효과는 세션에 1번까지 사용할 수있다.

스트라토 샤우트 스킬
논리의 율동
지정 특기
원하는 가치관 분야 특기
타입
서포트

자신이 「로직」 작전을 발동하거나, 누군가의 「로직」 효과를 자신이 받았을 때 사용할 수 있다. 지정 특기판정에 성공하면 작전으로 재굴림한판정의 달성치를 [1D6+6]으로 산출할 수 있다. 이 효과는 세션에 1번까지 사용할 수 있다.

스트라토 샤우트 스킬
공명
지정 특기
원하는 역경 분야 특기
타입
서포트

누군가 스페셜이나 펌블이 나왔을때 사용할 수 있다. 지정 특기 판정에 성공하면 대상이 스페셜로 얻는【컨디션】 또는 대상이 펌블로 얻는【디스코드】를 자신도 획득할 수 있다.

스트라토 샤우트 스킬
무드메이커
지정 특기
원하는 모티브 분야 특기
타입
서포트

드라마 페이즈에서 누군가가 장면전개 표를 사용한 직후에 사용한다.지정 특기 판정에 성공하면 장면 플레이어는 장면 전개 표를 한 번 더사용해서 두 결과 중에서 원하는 쪽을 고를 수 있다.

스트라토 샤우트 스킬
인기인
지정 특기
원하는 정서 분야 특기
타입
서포트

드라마 페이즈에서 자신이 누군가에대한 【인연】을 획득했을 때 사용한다. 지정 특기 판정에 성공하면 대상은 자신에 대한 【인연】을 1점 획득한다.

스트라토 샤우트 스킬
몽상가
지정 특기
원하는 모티브 분야 특기
타입
라이브

자신이 「소리가 보여주는 광경」을 연출했을 때 사용할 수 있다. 지정 특기 판정에 성공하면 【컨디션】을 2점 획득한다.

스트라토 샤우트 스킬
애드리브
지정 특기
《실력》《마법》《무기》
타입
라이브

현재 라운드에 자신의 【프레이즈】가 없을 때, 자신의 행동 직전에 사용할 수 있다. 지정 특기 판정에 성공하면 이번 라운드 동안, 획득하고 있는 다른 파트의 미사용 【프레이즈】를 사용할 수 있다. 이때 사용한 【프레이즈】는 다시 사용할 수 없다.

스트라토 샤우트 스킬
마이크 퍼포먼스
지정 특기
《외치다》《기대》《상실》
타입
라이브

제3 라운드 리프레시 단계의 굴레 부활 직전에 사용할 수 있다. PC가 타깃에게 말하는 연출을 하고, 지정 특기 판정에 성공하면 굴레 카드 1장을 부활 대상으로 고를 수 없게 된다. 이 효과는 세션에 1번만 사용할 수 있다.

스트라토 샤우트 스킬
리프레인
지정 특기
《부수다》《불안》《후회》
타입
라이브

제3 라운드에서 자신의 행동 직전에 사용할 수 있다. 지정 특기 판정에 성공하면 [【디스코드】×2]점의 【컨디션】을 얻는다.

스트라토 샤우트 스킬
각성
지정 특기
《동물》《머리》《지금》
타입
라이브

라이브 페이즈에서 임의 타이밍에 사용할 수 있다. 지정 특기 판정에 성공하면 【디스코드】만큼 【기량】이 상승한다. 이 효과는 세션에 1번만 사용할 수 있다.

스트라토 샤우트 스킬
비장의 수
지정 특기
《손》《본성》《빛》
타입
라이브

제2 라운드 이후에 자신의 행동을 소비해서 사용할 수 있다. 지정 특기 판정에 성공하면 공개 상태가 아닌 굴레 카드 1장을 골라 공개 상태로 만든다. 이 효과는 세션에 1번만 사용할 수 있다.

9 시나리오

『스트라토 샤우트』를 할 때 게임 마스터는 시나리오를 준비해야 합니다. 시나리오란, 세션 1회분의 대략적인 이야기와 세션에 필요한 시트 및 등장 NPC의 데이터 등등의 세트입니다. 여기서는 간단하게 시나리오 제작 방법을 소개합니다.

물론 제작 순서는 여기서 소개한대로 하지 않아도 됩니다. 익숙해졌다면 자유롭게 만들어보시기 바랍니다.

9·01 배경

PC가 조우하는 이야기의 배경을 정합니다.

사건의 개요나 무대가 될 장소의 설정, 관련 집단이나 인물 등을 정해둡시다.

「10 세계 설정」에는 시나리오에 사용할 수 있는 샘플 도시를 준비했습니다. 이 도시를 무대로 설정해도 좋을 것입니다.

9·02 플레이어 인원수

그 시나리오에 참가하는 플레이어의 인원수를 정합니다.『스트라토 샤우트』는 3명에서 6명까지 함께할 수 있지만 추천은 4명입니다.

9·03 사용하는 곡

시나리오의 테마가 되는 곡의 가사를 정합니다.

물론 오리지널 가사여도 상관없습니다.

9·04 메인 시나리오

『스트라토 샤우트』에서는 메인 시나리오와 서브 시나리오라는 두 가지 시나리오를 사용합니다.

메인 시나리오는 PC들이 타깃의 마음에 접근하여 그 굴레를 알아갑니다.

우선, 타깃에 얽힌 스토리에 대해 가사를 읽으며 생각해봅시다. 구체적으로는 타깃이 그리는 이상적인 미래상, 그리고 그것을 방해하는 요소(굴레)의 두 가지입니다.

이상적인 미래상은 "스포츠 선수가 되고 싶어." 같은 큰 규모의 것부터 "저 사람과 친구가 되고 싶어." 같은 작은 규모도 가능하고, "오해를 풀고 싶어." 같은 부정적인 상황에서 벗어나는 것도 생각해볼 수 있습니다.

한편 방해하는 요소(굴레)는 다음과 같은 것들을 생각해볼 수 있습니다.

· 주변과의 의견 불일치
· 프라이드나 집착, 고정관념
· 타깃의 행동을 부정하는 것이나 사람
· 정신적, 또는 물리적 제한
· 열등감이나 죄악감 같은 부정적 감정
· 과거에 실패한 이미지
· 더욱 우선해야할 다른 일

청춘이 테마인 영화나 소설 등에서 시나리오 제작의 힌트를 얻을 수도 있습니다.

굴레는 다소 불합리한 것이어도 괜찮습니다. 감정이나 본능이 앞서서 합리적인 판단을 할 수 없게 된다... 같은 것도 인간다운 일입니다.

9·05 서브 시나리오

『스트라토 샤우트』에서 사용하는 또 하나의 시나리오가 서브 시나리오입니다.

서브 시나리오에서는 밴드 멤버인 PC들에게 닥친 재난이나 문제를 해결해나갑니다.

이쪽은 테마로 삼은 곡의 요소를 넣어도 되고, 넣지 않아도 됩니다. 또한 메인 시나리오와 깊은 관련을 가질 필요도 없습니다.

조언하자면 서브 시나리오는 밝은 분위기로 좌충우돌하는 모습을 다루는 것을 추천합니다. 메인 시나리오가 진지한 내용이 되기 쉽기 때문에 서브 시나리오는 살짝 유머를 담아 세션 분위기의 균형을 잡는 것입니다.

서브 시나리오에서 일어나는 사건은 다음과 같은 것들을 생각해볼 수 있습니다.

· 밴드 활동을 지속하기 어렵게 하는 사건이나 사고
· 라이브 개최를 어렵게 하는 사건이나 사고
· 멤버의 개인적인 문제

메인 시나리오보다 더욱 자유롭게 생각해봅시다.

9·06 NPC

NPC는 게임 마스터가 조종하는 캐릭터입니다. 타깃이나 그 친구, PC의 지인 등입니다.

시나리오 진행상 반드시 지켜야할 설정 등을 먼저 정해두면 안심할 수 있습니다. 세션에서 즉흥적으로 만들어진 설정과 모순될 가능성이 있기 때문입니다.

9·07 엑스트라

굴레를 가지지 않고 게임상 별로 중요하지 않은 NPC를 엑스트라라고 부릅니다. 게임 마스터는 엑스트라를 자유롭게 설정하여 등장시킬 수 있습니다.

또한 장면 플레이어도 자유롭게 엑스트라를 설정해서 장면에 등장시킬 수 있습니다. 엑스트라는 게임 마스터나 장면 플레이어가 선언한대로 행동하고 처리됩니다.

9·08 시나리오 시트 제작

여기까지 시나리오가 완성되었다면 시나리오 시트에 기입합니다.

260p에 있는 시나리오 시트를 복사하거나, 공식 사이트에 있는 시나리오 시트를 다운로드한 뒤에 인쇄해서 사용하시기 바랍니다.

9·08·01 게임 마스터명

게임 마스터의 이름을 기입합니다.

9·08·02 시나리오명

시나리오의 타이틀을 기입합니다.

9·08·03 타깃

타깃의 이름을 기입합니다.

9·08·04 이름

서브 시나리오에서 발생한 문제를 기입합니다. 가급적 간결하게 적는 것을 추천합니다.

9·08·05 스텝

서브 시나리오를 달성하기 위해 필요한 장면 요소입니다.

역경을 해결하기 위해 어떤 장면이 필요한지 상상해봅시다. 역경이 '기말고사'라고 한다면 스텝은 '공부 모임'이나 '연주 참가' 등을 생각해볼 수 있습니다. 역경이 '무인도에 표류'라고 한다면 스텝은 '식량 확보'나 '뗏목 만들기'가 될테지요.

스텝은 플레이어가 연출하는 것만으로 클리어되기 때무에 너무 엄밀하게 생각할 필요는 없습니다.

스텝의 수는 자유지만 무언가 특수한 기믹이 없는 한, 스텝과 굴레의 합계가 6개가 되도록 준비하는 것이 좋습니다. 그보다 적으면 장면이 남고, 그보다 많으면 장면이 부족할 가능성이 있습니다.

스텝은 클리어하는 순서를 지정할 수 있습니다. 스텝명에 알파벳으로 순서를 표시합니다. A스텝이 모두 클리어되면 B스텝에 도전할 수 있습니다. 마찬가지로 B스텝을 모두 클리어하면 C스텝, C스텝을 모두 클리어하면 D스텝... 같은 식으로 이어집니다.

또한 같은 스텝을 여러 번 하도록 설정할 수도 있습니다. 클리어해야 하는 횟수만큼 시나리오 시트에 체크 칸을 표시하고, 클리어할 때마다 체크 표시할 수 있도록 합니다.

9·09 가사 시트 제작

사용할 가사를 적은 종이를 준비합니다. 컴퓨터로 만들어서 인쇄해도 되고, 직접 손으로 적어도 됩니다. CD에 들어있는 가사 카드를 복사해서 사용할 수도 있습니다. 단, 가사 시트는 모든 플레이어가 가사를 잘 볼 수 있는 크기로 만드는 것이 좋습니다.

기입한 가사는 선을 그어 세 부분으로 나눕니다. 이렇게 세 부분으로 나눈 가사는 각각 A파트, B파트, C파트가 됩니다.

가사를 어떻게 나눌지는 게임 마스터가 자유롭게 판단하면 됩니다.

정확하게 삼등분할 필요는 없습니다. 또한 곡에 원래 설정된 파트 ("○○씨가 부르는 파트" 등)와도 상관이 없습니다.

9·10 굴레 카드 제작

굴레 카드를 제작합니다.

261p에 있는 굴레 카드를 복사하거나, 공식 사이트에 있는 굴레 카드를 다운로드한 뒤에 인쇄하고 가위 등으로 잘라서 사용하시기 바랍니다.

세션 중에는 앞면 뒷면이 나뉘도록 반으로 접어 책 같은 형태로 사용합니다.

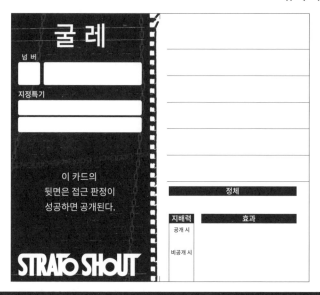

9·10·01 굴레 카드 앞면

굴레 카드의 앞면은 이름, 넘버, 지정 특기가 기입되어 있습니다.

이름

그 굴레의 이름입니다. 간단한 타이틀을 붙입니다.

넘버

그 굴레에 할당된 숫자입니다. 시나리오 시트의 굴레 상태에 대응하기 위한 숫자이므로 출현 순서와 일치할 필요는 없습니다.

지정 특기

플레이어가 접근 판정할 때 사용하는 특기입니다. 여러 개를 지정할 수도 있습니다. 첫 굴레 카드는 특기를 2개 지정해두면 세션이 부드럽게 진행되기 쉽습니다.

9·10·02 굴레 카드 뒷면

굴레 카드 뒷면은 굴레의 【정체】가 적혀 있습니다.

정체

굴레의 세부적인 내용입니다.

지배력

굴레의 【지배력】입니다. 「공개 시」는 접근 판정에 성공했을 때의 【지배력】, 「비공개 시」는 접근 판정에 성공하지 못했을 때의 【지배력】을 각각 나타냅니다.

효과

굴레가 라이브 페이즈에서 발동했을 때의 효과입니다. 「9·11·03 굴레의 종류」에서 여러 가지 효과를 소개하므로 참고하시기 바랍니다.

9·10·03 굴레의 정체

굴레의 【정체】는 타깃이 품고 있는 문제를 설명하는 것입니다.

문제를 굴레 카드의 【정체】에 나눠서 쓰고, 모든 【정체】를 봤을 때 문제의 전모를 알 수 있도록 합시다. 접근 판정을 성공할 때마다 조금씩 핵심에 다가가도록 적을지, 아니면 몇 장째에 의외의 진실이 밝혀지도록 적을지... 여러 가지 방법을 시도해보시기 바랍니다.

또한 카드에 적히지 않은 사건이나 PC가 말려드는 사건 등은 마스터 장면으로 처리하는 것도 생각해보시기 바랍니다. 약간 깔끔하게 처리할 수 있습니다. 자세한 것은 「9·12 마스터 장면」을 참조하시기 바랍니다.

9·11 굴레 설정

굴레의 【지배력】 및 효과를 정합니다.

9·11·01 굴레의 지배력

굴레의【지배력】은 PC 중에서 가장 높은 레벨에 다음 수치를 더한 것을 기준으로 삼습니다.

약함
타깃을 약간 주저하게 만드는 정도의 굴레입니다. 어렵지 않게 쓰러트릴 수 있는 난이도입니다.

공개 시의【지배력】: 4 이하
비공개 시의【지배력】: 9 이하

보통
타깃의 행동을 제한하는 굴레입니다.【컨디션】을 조금 쓰면 안정적으로 쓰러트릴 수 있는 난이도입니다.

공개 시의【지배력】: 5~6
비공개 시의【지배력】: 9~10

강함
타깃을 강하게 얽매는 굴레입니다.【컨디션】이나 작전을 사용해야 안정적으로 쓰러트릴 수 있는 난이도입니다.

공개 시의【지배력】: 7~8
비공개 시의【지배력】: 11~12

상당히 강함
타깃의 생각에 깊이 뿌리내린 굴레입니다.【컨디션】이나 작전의 사용이 필수적인 난이도입니다.

공개 시의【지배력】: 9~10
비공개 시의【지배력】: 13~14

트라우마 ━━━━━━━━━━━━━━━━━━━━

타깃이 가진 심각한 마음의 상처입니다. 【프레이즈】 사용이 필요한 난이도입니다.

공개 시의 【지배력】: 13~14

비공개 시의 【지배력】: 15~16

9·11·02 난이도 조정

굴레는 플레이어의 레벨이나 기량에 따라 설정됩니다. 굴레 난이도 표는 굴레의 난이도 기준이 됩니다. 이를 참고하면서 굴레를 정하시기 바랍니다.

9·11·03 굴레의 종류

굴레 난이도 표

평균 레벨	【지배력】 최고치	굴레 레벨 합계
1	「강함」1장	6
2	「강함」1장	7
3	「강함」2장	7
4	「상당히 강함」1장	7
5	「상당히 강함」1장	8
6	「상당히 강함」2장	8
7	「트라우마」1장	9
8	「트라우마」1장	10
9	「트라우마」2장	10
10	「트라우마」2장	11

굴레의 효과 종류를 소개합니다.

여기서 소개하는 굴레는 시나리오에 맞춰서 자유롭게 변경하거나 자작해도 됩니다.

아래에 굴레 효과들을 몇 가지 소개합니다. 각 효과는 이름, 타이밍, 내용이 굴레 레벨별로 분류되어 있습니다.

굴레 레벨은 굴레 효과의 강함입니다. 높을수록 효과가 강력한 것입니다.

이름은 굴레의 효과명입니다.

타이밍은 굴레의 효과가 발동하는 타이밍입니다. 자세한 것은 「6·08·02 굴레의 공격」을 참조하시기 바랍니다.

굴레 레벨1 ━━━━━━━━━━━━━━━━━━━━

속박

타이밍: 상시

굴레에 대한 모든 대미지를 3점 경감한다.

불온한 분위기

타이밍: 상시

모든 판정에 -1의 수정치를 적용한다.

부조화

타이밍: 상시

타깃에 대한 【인연】을 사용할 수 없다.

굴레 레벨2

껍데기에 틀어박히다

타이밍: 상시

DP에 대한 모든 대미지를 5점 경감한다.

후퇴

타이밍: 라운드 종료 시

DP를 3D6점 회복한다.

프레셔

타이밍: 라운드 종료 시

PC 전원의 【컨디션】을 2점 감소시킨다.

굴레 레벨3

전염

타이밍: 상시

라운드 개시 시, PC 2명을 지정하여 이번 라운드 동안 【프레이즈】 사용을 금지한다.

스트라토 샤우트

거절
타이밍: 상시

PC가 【컨디션】을 소비한 공격을 했을 때, 그 대미지에 【컨디션】을 더할 수 없다.

부정적 이미지
타이밍: 특정 행동 시

누군가의 판정이 실패했을 때 발동한다. 이후 이번 라운드 동안 모든 판정에 -4의 수정치를 적용한다.

굴레 레벨4 ─────────────────────
리셋
타이밍: 라운드 종료 시

굴레 1개를 골라 비공개로 한다.

동조압력
타이밍: 라운드 종료 시

PC 전원의 【컨디션】이 가장 낮은 PC와 같아진다.

메멘토모리
타이밍: 상시

【프레이즈】 지정 특기가 전부 《죽음/역경12》가 된다.

9·12 마스터 장면

마스터 장면은 드라마 페이즈에 끼워넣기 위한 장면입니다. 삽입하고 싶은 장면이 있다면 게임 마스터가 주도적으로 설정해봅시다.

마스터 장면은 자유 타이밍으로 삽입할 수 있습니다. 예를 들면 다음 같은 타이밍들을 생각해볼 수 있습니다.

· 특정 장면 수나 사이클 수가 경과한다
· 특정 스텝을 클리어한다
· 특정 스텝을 연출한다
· 특정 파트에서 【프레이즈】를 획득한다.
· 누군가가 타깃에 대한 【인연】을 획득한다.

시나리오 진행상 반드시 필요한 정보는 굴레 카드에 적는 것이 아니라 마스터 장면을 통해 플레이어들에게 설명하는 것이 좋습니다.

9·13 굴레 카드 출현

게임 마스터는 마스터 장면에서 굴레 카드를 출현시킬 수 있습니다.

이것을 사용하면 굴레 카드의 출현 타이밍을 늦추거나, 마스터 장면의 행동으로 굴레를 분기시키는 등 보다 복잡한 시나리오를 만들 수 있습니다.

별다른 지정이 없는 경우 굴레 카드가 공개 상태가 되면 다음 굴레 카드가 출현 상태가 됩니다. 예를 들면 넘버1 굴레 카드가 공개 상태가 되면, 넘버2 굴레 카드가 출현 상태가 되는 것입니다.

9·14 굴레를 PC에게 주기

굴레 카드는 타깃에 관련된 것이 기본이지만, 다른 캐릭터가 굴레를 가지는 경우도 있습니다.

게임 마스터는 PC에게도 굴레 카드를 건넬 수 있습니다. 굴레 카드를 받은 PC는 그 카드의 뒷면을 자유롭게 확인할 수 있습니다.

이 굴레 카드는 다른 굴레 카드와 마찬가지로 특정 조건을 만족하면 출현 상태가 되고, 접근 판정을 통해 공개 상태로 할 수 있습니다.

이로써 PC가 타깃에게 고백받았지만 대답을 망설이고 있거나, 타깃이 PC에게 대항의식을 불태우는 등 보다 복잡한 굴레를 연출할 수 있게 됩니다.

ceğผ

चीढी

्रा

스트라토 샤우트

10 세계 설정

여기부터는 『스트라토 샤우트』에서 쓸 수 있는 배경 설정이나 샘플 도시 등을 소개합니다.

10·01 아오가네 시

아오가네 시는 『스트라토 샤우트』에서 쓸 수 있는 가공의 도시입니다. 시나리오에 넣어도 되고, 장소나 시설 등이 필요할 때 즉석에서 사용해도 됩니다.

아오가네 시는 D현 북부에 위치한, 동해와 인접한 지방도시입니다. D현의 현청 소재지이며, 아오가네 역 주변은 활기가 넘칩니다. 사계절이 뚜렷하고 겨울에는 항상 눈이 내리는 것을 볼 수 있습니다.

10·01·01 사립 아오가네 고등학교

아오가네 시에 있는 사립 고등학교입니다. 통칭 아오고라고 합니다.

학생의 자주성을 중시하는 교풍으로, 부활동이 엄청나게 활성화되어 있습니다. 들어본 적도 없는 부활동들이 생기는가 하면 부원을 모으지도 못하고 사라지곤 합니다.

밴드 활동을 하는 경음악부도 매년마다 생겼다가 사라지기를 반복하는 부활동 중 하나입니다. 입학 시점에 경음악부가 있는 경우는 그냥 운이라고 할 수 있습니다. 하지만 앞서 말했듯 부활동 설립이 쉽기 때문에 부원만 모을 수 있다면 걱정할 필요는 없습니다.

또한 학생이 주최하는 이벤트도 많습니다. 체육대회나 문화제 같은 왕도 이벤트 외에도 '아오페스'라고 불리는 스테이지 이벤트 등도 개최됩니다. 이런 다양한 행사를 통해 새로운 만남이 생기기도 합니다.

・ 아시야 마모루 (38세, 남성)

아오고의 현대문(국어 과목인 현대문, 고문(古文), 한문 중 하나) 교사로, 경음악부 고문 선생님. 신경은 많이 써주는 편이지만 흥미가 없는 것에는 일절 신경쓰지 않기 때문에 왠지 믿음직스럽지 못한 인상을 줍니다. 좋은 의미로도 나쁜 의미로도 수수한 외모에, 솔직한 화법 덕분에 학생들과의 관계는 좋은 편. 학생들에게 섬세하지 못한 모습을 자주 보이기도 하지만 그를 향한 마음을 품은 여학생이 적지 않다는 풍문도 들립니다.

· 사사야마 츠바메 (17세, 여성)

아오고 2학년생으로 학생회 임원. 학생들과의 상담에도 한 사람씩 친절하게 대답해주기 때문에 학생들의 신뢰가 두텁고, 때때로 교내 이벤트의 실행위원장으로 추천받기도 합니다. 하지만 그런 빈틈없는 모습이 되려 학우들의 상상력을 자극하기 때문에, 온갖 소문들이 파다해서 본인은 상당히 곤란하게 여기고 있습니다. 그중에는 꽤 신빙성이 높은 소문도 있는 듯하지만...?

10·01·02 아오가네 역

아오가네 시에 위치하여 D현에서 가장 붐비는 주요 역입니다.

복합상업시설인 '레종'을 필두로 패션, 취미, 푸드 등 다양한 종류의 점포들이 역 앞에 늘어서 있습니다. 라이브 하우스나 악기점 같은 음악 관련 시설도 많기 때문에 뮤지션들도 찾지만, 일반인들도 이곳에서 휴일을 보내는 것이 정석입니다.

VIBRA(비브라)

아오가네 역 앞에 있는 라이브 하우스입니다. 대로변에 위치한 건물들 뒤편 골목에 눈에 띄지 않는 검정색 보드 하나가 나와 있습니다. 이곳은 지하 1층에 있으며, 그곳까지 입구부터 계단으로 쭉 내려갑니다. 수용 인원은 약 300명 정도입니다.

가게의 모습은 평범하지만 긴 역사를 자랑하며 VIBRA를 사랑하는 유명 아티스트도 적지 않습니다. 그중에는 라이브를 열면 티켓이 바로 매진되어버리기 때문에 몰래 손님으로 찾아오는 일류 아티스트들도 있다고 합니다.

237

스트라토 샤우트

정기적으로 스쿨 밴드나 아마추어 밴드를 대상으로 하는 라이브를 개최하며, 신인 밴드들의 등용문으로서도 기능하는 듯합니다.

알바생은 수시로 모집하고 있습니다. 고교생 알바는 조례 때문에 주간 라이브만 고용하고 있습니다. 일당으로 지급하는 일일 알바도 씁니다. 알바생의 주요 업무는 플로어 스탭이나 기자재 운반, 세팅 어시스턴트 등등입니다.

· 오지마 쇼고 (47세, 남성)

VIBRA의 점장입니다. 체격이 좋고 험상궂어보이지만, 외모에 비해 성격은 상냥하고 쾌활합니다. 종종 고민이 많은 젊은이들과 밤새 마시면서 격려해주기도 합니다. 옛날에는 본인도 밴드를 했었던 것 같지만, 그 이야기가 나오면 바로 입을 다뭅니다.

· 타베 에이토 (19세, 남성)

VIBRA의 알바생으로, 음향 어시스턴트 및 잡무를 담당하고 있습니다. 다른 사람과 대화하는 것이 익숙지 않아 묵묵히 작업하기 때문에 점장이 자주 놀리곤 합니다. 인디 밴드인 '8910(하쿠토)'의 기타리스트이기도 하며, 다양한 밴드들의 연주를 보며 그 기술을 흡수하고 싶다고 생각해서 라이브 하우스 알바를 시작했다고도 합니다.

레종 ────────────────────

D현 최대의 복합상업시설. 각종 의류 브랜드 가게를 중심으로 레스토랑, 과자점, 서점, CD샵, 게임센터 등 수많은 점포들을 갖추고 있습니다.

레종 중심에 위치한 이벤트홀에서는 종종 음악 라이브가 개최되곤 합니다.

크리스마스나 신년 등 기념일이나 성수기에는 유명 아티스트의 초대 공연을 하기도 하지만, 그 외의 휴일 등에는 신인 아이돌이나 인디 밴드가 라이브를 하는 경우가 많습니다.

루루루루컷

리더인 아사히나 이로를 중심으로 현재 인기를 끌고 있는 3인조 아이돌 그룹입니다. 캐치프레이즈는 "놓치지 않는 루루루루컷!". 그룹 결성 이래 계속 레종에서 라이브를 하고 있으며, 레종을 홈그라운드로 생각하고 있다고 합니다. 하지만 최근에는 TV 출연도 늘어서 라이브 빈도가 약간 줄어든 모양입니다.

• 아사히나 이로 (16세, 여성)

'루루루루컷'의 멤버입니다. 멤버 3명 중에서 가장 많이 노력하며, 가창력이나 댄스 퍼포먼스도 월등합니다. 하지만 애드리브나 토크에 약해서 버라이어티 방송 등지에서는 고전하는 듯합니다. 이런 상황에서 다른 멤버 2명에게 여러모로 도움받고 있지만, 그 사실에 약간 빚을 지고 있다고 느끼는 모양입니다.

츠루마키 악기

전국적인 대형 악기 체인점입니다. 아오가네 시내의 유일한 점포가 레종 내에 입점해 있습니다. 안정적인 품목이 특징으로, 악기 외에도 액세서리나 교환용 부품, 악보, 교본 등도 구비하고 있습니다.

츠루마키 악기는 특히나 점원이 악기에 대한 조예가 굉장히 깊은 것으로도 평판이 자자합니다. 그 덕분에 손님은 악기를 구입하는 것 뿐만 아니라 점원을 통한 정보획득의 장이 되기도 합니다. 새로운 상품, 악기 연습이나 관리 방법, 현재 주목받는 신인 밴드, 새로 오픈한 라이브 하우스, 인터넷에서 유행 중인 정보 등 어지간한 정보들은 츠루마키 악기의 점원을 통해 얻을 수 있습니다.

가게 안쪽에는 연습 스튜디오가 있으며 녹음도 가능합니다. 악기가 고민된다면 가장 먼저 가봐도 좋을 곳입니다.

• 미나세 유키 (18세, 여성)

츠루마키 악기 아오가네 레종점의 알바생입니다. 활발한 성격이며 언제나 활기찬 얼굴마담입니다. 음대 1학년생으로, 기악과에서 피아노를

스트라토 샤우트

전공하고 있습니다. 아마추어 밴드 '하늘에서 파프리카'의 키보디스트이며, 작곡도 담당합니다.

지금까지는 화려한 곡들을 중심으로 작곡해왔지만 가끔씩 격렬한 곡도 만들어보고 싶어서 이것저것 시행착오를 쌓고 있다고 합니다.

하트루프 레코드

아오가네 시에 본사를 둔 작은 인디 레이블입니다. 인디신의 전설적인 록밴드 'DULL TOOL(덜 툴)'의 소속사로도 알려져 있습니다. 소속 밴드는 20개 정도로, CD 판매 랭킹 상위권인 밴드도 있는가하면 알바를 하며 활동하고 있는 밴드도 있습니다.

계약 희망자 모집은 공식 사이트로 상시 모집 중이며, 데모 음원 파일을 보내서 응모할 수 있습니다. 물론 사무소에 직접 CD를 보낼 수도 있습니다.

· DULL TOOL

보컬 겸 기타 시타라, 베이스 타케자와, 키보드 쿠시마, 드럼 니이무라로 구성된 4인조 록밴드입니다. 매번 릴리즈하는 곡들은 항상 도전과 모색을 이어가고 있으며, 그 음악은 종종 얼터너티브 록으로 분류됩니다. 결성 15년을 맞이하는 긴 활동 이력을 가진 밴드이며, 이후 활동에도 팬들의 주목을 모으고 있습니다.

· 니이무라 마사토 (35세, 남성)

DULL TOOL의 드러머입니다. 일부 곡들의 작사 및 작곡도 맡고 있습니다. 일본 록계에서 으뜸가는 실력파 드러머로서 알려져 있지만, 한편으로 밴드 결성 초기의 신선함을 느끼지 못하게 된 것에 위기감을 느끼는 모양입니다. 그 때문인지 최근에는 지금까지 해왔던 것 이상으로 젊은 밴드들과 교류하는 데에 적극적입니다.

버나드

전국적인 양식 패밀리 레스토랑 체인점입니다. 리즈너블한 가격과 젊은 손님이나 부모 동반 등 폭넓은 고객층에게 사랑받고 있습니다.

참고로 아오가네 역전점은 알바생 대부분이 아오가네 고등학교의 학생들입니다. 매년 졸업시즌이 되면 알바생들이 많이 그만두기 때문에 알바생은 항상 모집하고 있습니다.

라이브에 관한 회의나 공부 모임 등 돈이 없는 고교생에게는 이를데 없이 큰 도움이 되는 곳입니다. 그러나 드링크 바만으로 몇 시간이고 죽치고 있으면 슬며시 주의를 받게 됩니다.

10·01·03 상점가

역 앞에서 약간 떨어진 곳에 있는 옛날부터 번화한 상점가입니다.

식당 체인점이나 개인 브랜드의 옷가게 등이 있어서 휴일에는 많은 유동인구를 자랑합니다.

사티 스튜디오

점장인 호시노가 개인적으로 운영하는 연습 스튜디오입니다. 겉보기에는 카페 같은 분위기지만 내부에는 방음이 되는 별실들이 늘어서 있어서 약간 노래방 같은 느낌도 줍니다. 대부분 밴드 연습용 스튜디오이지만, 댄스나 연극에 사용할 수 있는 스튜디오도 있습니다.

연습 스튜디오에서는 밴드 멤버 전원이 모여서 연습하는 경우가 많습니다. 개인 연습은 자택에서도 할 수 있기 때문입니다. 물론 그냥 스트레스를 해소하려고 들리는 케이스도 없진 않습니다.

스튜디오에서는 녹음도 할 수 있습니다. 전용 녹음 기자재가 비치되어 있으며, 자유롭게 사용할 수 있습니다. 카운터에서는 악기 대여도 가능합니다.

사티 스튜디오의 대기실에는 가끔씩 정체를 알 수 없는 사람들로 북적이곤 합니다. 본 적도 없는 악기를 가진 사람도 있는가 하면, 악기 없이 책만 읽고 있는 사람도 있습니다. 어쩌면 그들이 밴드 멤버에게 사건을 가져오는 날이 있을지도 모릅니다.

스트라토 샤우트

· 호시노 텟페이 (52세, 남성)

사티 스튜디오의 점장입니다. 접객할 때 외에는 카운터에서 어쿠스틱 기타를 치고 있습니다. 곡은 포크송부터 최신 JPOP까지 다양하지만 때때로 들어본 적도 없는 신기한 곡을 칠 때도 있습니다. 그 곡의 정체는 누구도 모릅니다.

· 스미다 미오 (27세, 여성)

사티 스튜디오 대기실에서 자주 노트북을 쓰고 있는 모습이 보이는 수수께끼의 여성입니다. 언제나 헤드폰을 끼고 음악을 들으며 까다로운 표정으로 마우스를 움직입니다. 점장과의 관계도, 본인의 정체도 물어보지 않으면 모릅니다.

카츠요시 신사

상점가에서 계속 가면 좀 높은 산이 나오는데, 그 산에 있는 돌계단을 오르면 보이는 토리이가 있습니다. 그곳을 지나면 카츠요시 신사입니다. 신사로 이어지는 길과 상점가의 중앙로가 일직선으로 이어져 있는 것은 '신에게 가는 길'이라 해서 운수가 좋아지기 때문일지도 모릅니다.

평소에 참배객은 그렇게 많지 않지만, 정월에는 첫 참배를 위해 방문하는 D현의 현민들로 북적입니다. 특히 학업 성취에 영험하다고 알려져 있어서 매년 합격을 기원하는 에마들이 나란히 걸려있는 모습을 볼 수 있습니다. 신사 이름에 '카츠(勝)'라는 한자가 있는 점 때문에 승부를 보는 기원에 영험하다는 얘기도 있습니다.

상점가와 합동으로 여름축제를 비롯한 계절 축제들이 열리며, 각각 일정 규모 이상의 방문객들로 성황리에 개최됩니다.

신사는 자연이 보존된 산속에 있기 때문에 운이 좋으면 여우나 토끼 같은 작은 동물들을 볼 수도 있습니다. 역에서 별로 멀지 않기 때문에 기분전환에 좋을지도 모릅니다.

또한 신사 주변에는 심령 현상이나 괴기 현상 같은 소문들도 간간이 들리는 것 같은데... 아무튼 약간 신기한 곳입니다.

· 콘코 님 (?세)

카츠요시 신사에 사는 여우입니다. 야생동물임에도 묘하게 사람에게 친근하게 구는 성격입니다. 신주가 특별히 먹이를 챙겨주는 것이 아니기 때문에 신의 사자로서 사람들의 소원을 전해주고 있는 것 아닌가 하는 농담 섞인 얘기도 나옵니다. '콘코 님'이라는 이름은 신사에 찾아온 학생이 멋대로 붙인 것으로, 나타난 뒤부터 신사 참배객이 여학생을 중심으로 크게 늘었다고 합니다.

10·01·04 이벤트

여기부터는 아오가네 시 내외에서 개최되는 라이브 이벤트의 일부를 소개합니다.

디노미네이션 스테이지 ─────────────────

전국구로 열리는, 청소년을 위한 거대 라이브 이벤트입니다. 통칭 '디노스테'.

무명인 10대 밴드이 각자 실력을 겨루는 컨테스트 형식의 라이브입니다. '디노미네이션(Denomination, 명명)'이라는 이름도 그런 의미에서 유래했습니다.

참가 조건은 밴드 멤버 전원이 10대일 것, 그리고 다른 컨테스트에서 수상한 적이 없을 것입니다. 연주곡은 커버곡이나 어레인지곡도 가능합니다.

매년 500팀 이상의 밴드가 응모하며, 엄격한 서류심사와 지방예선을 거쳐 진출한 팀들 간의 결승전이 디노미네이션 스테이지의 메인이라 할 수 있습니다. 이 스테이지는 지상파나 인터넷으로도 중계되며, 최종적으로는 라이브 현장 관객, TV 시청자, 인터넷 시청자 등의 투표를 종합하여 승자를 결정합니다.

우승, 준우승, 심사위원상 등 각 상의 상품은 상금, CD 릴리즈 권리, TV 방송이나 라디오 프로그램 출연권, 유명 아티스트와의 합동 라이브 권리 등 개최할 때마다 조금씩 바뀝니다.

스트라토 샤우트

제1회 우승 밴드는 'Virus tone(바이러스 톤)'. 우승 상품으로 라디오 방송 특집에 출연했습니다. 그 후 인터넷상에서 입소문을 타고 급속히 인기를 끌어 지금은 곡이 들리지 않는 날이 없을 정도로 엄청나게 유명한 밴드가 되었습니다.

아오페스

아오가네 고등학교에서 열리는 학생이 주체가 되는 이벤트입니다.

연 2회, 여름과 겨울에 열리며 학생들이 열심히 갈고닦은 퍼포먼스를 체육관에서 펼칩니다. 소규모 학원제라 할 수 있습니다.

무대에서는 밴드가 하는 공연 뿐만 아니라 가창, 연극, 댄스, 만담이나 콩트, 라이브 이벤트, 마술 등 사람 앞에서 하는 퍼포먼스라면 뭐든지 펼칠 수 있습니다.

심사위원으로부터 관객의 하트를 가장 많이 사로잡았다고 판단된 학생은 상품을 받기도 합니다. 고등학생들의 샘솟는 정열과 청춘을 구가하는 이벤트입니다.

송별 합동 라이브

졸업 시즌인 3월에 VIBRA에서 열리는 학생 한정 라이브입니다. 졸업하는 경음악부 선배를 공연으로 송별한다는 컨셉의, 상당히 독특한 라이브입니다. 그 특성상 이벤트는 휴일에 개최됩니다.

당일에는 시내외의 학교들에서 모인 부원들이, 졸업하는 경음악부 선배들을 관객으로 초대해서 연주를 펼칩니다. 재학생에게는 무대 위에서 졸업생에게 성원을 보냄과 동시에 얼마나 성장했는지 보여줄 마지막 기회일지도 모릅니다.

출연 밴드는 보통 고교생들이지만, 초등학생이나 중학생도 가능합니다.

에이즈루와코드 ────────────

인터넷에서 격주로 방송하는 음악 방송입니다. 젊은 재능을 발굴하는 것이 목적이며, 매회 전국에서 10~20대 아티스트들이 모여 연주를 펼칩니다.

방송은 세 팀의 아티스트들이 대결하는 형식으로 진행됩니다. 순서는 랜덤이므로 어떤 선곡으로 개성을 뽐낼지 대처하는 임기응변도 방송의 묘미입니다.

승리한 밴드는 챔피언이 되어 다음 방송에서 챌린저들과 방어전을 치릅니다. 3회 연속 우승하면 '레전드'로 인정받습니다.

카츠요시 여름축제 ────────────

아오가네 시내에서 가장 큰 축제입니다. 카츠요시 신사를 중심으로 상점가를 가로지르듯이 수많은 노점들이 늘어섭니다.

경내에는 작은 이벤트 스테이지가 설치되어 시민들이 참가하는 노래자랑이나 아마추어 밴드의 공연 등이 진행됩니다.

데이트 스팟으로서도 인기가 많으며, 특히 축제 마지막에 진행되는 불꽃놀이는 경내에서 바라보면 절경 그 자체입니다. 짝사랑을 이루기 위해 눈 딱 감고 이성에게 고백하는 학생들도 많다고 합니다.

11 용어 소개

이 항목에서는 흔히 말하는 「밴드 용어」, 「라이브 용어」를 간단히 소개합니다.

어느쪽도 지역이나 시대에 따라 크게 바뀌기 때문에 여기서는 『스트라토 샤우트』를 할 때 자주 쓸 수 있는 것들을 골랐습니다.

또한 이 용어들은 『스트라토 샤우트』 게임에서 사용할 것을 상정하였습니다. 따라서 현실과 다른 부분도 있다는 점에 주의해주십시오.

11·01 밴드 용어

앰프(Amp): '앰플리파이어(증폭기)'의 약어. 일렉 기타나 일렉 베이스는 현의 진동을 전기신호로 변환하여 앰프에 의해 증폭되는 구조이므로 앰프에 연결하지 않으면 큰 소리가 나오지 않는다.

인스트(Inst.): '인스트루멘탈'의 약어. 여러 의미가 있다. ①악기만으로 연주되는 기악곡. ②보컬 파트가 빠진 반주곡. 노래방 음원.

이펙터: 단순히 이펙터라고 하면 일반적으로는 일렉 기타나 일렉 베이스의 소리를 변환하는 장치를 가리킨다. 연주자의 발밑에 두고 페달로 조작한다. 목소리를 바꾸는 장치도 이펙터라고 하지만, 그쪽은 보코더라고 부르는 경우가 더 많다.

커버: 기존의 곡을 독자적인 해석을 더해 연주하는 것. 자기 곡을 커버하면 '셀프 커버'라고 한다.

카피: 기존의 곡을 원곡과 완전히 똑같은 구성으로 연주하는 것. 카피만 하는 밴드를 '카피 밴드'라고 한다.

실드: 악기와 앰프 등을 연결하는 실드(Shield, 외부 간섭을 차단하는 피복) 케이블

세션: 여러 명이서 모여서 연주하는 것. 기본적으로는 즉흥적인 애드리브를 가리킨다. 모여서 TRPG를 하는 것도 '세션'이라 부른다. 뭔가 멋있는 말을 하고 싶을 때 쓰면 좋다.

튜닝: 현악기나 건반악기의 소리를 조정하는 일. 드럼도 타면의 팽팽함을 조정하기도 하지만, 기타나 베이스만큼 빈번하게 하지는 않는다.

트리뷰트: 특정 아티스트나 밴드에 대한 헌정을 가리키는 말. '트리뷰트 앨범', '트리뷰트 라이브' 등.

하울링: 스피커의 소리가 마이크에 잡혀 소리가 "키잉"하며 순환적으로 증폭되는 현상.

모니터 스피커: 연주하는 소리를 스테이지 위에 출력하는 스피커. 스테이지 주변에 연주자 쪽을 향하도록 설치된다. 뜨거워진 보컬이 곧잘 발을 올린다.

리듬 섹션: 베이스나 드럼 등 곡의 리듬을 뒷받침하는 악기군을 가리키는 말. 멜로디를 담당하는 악기는 '멜로디 악기'라고 부르기도 하지만, 잘 쓰이진 않는다.

11·02 라이브 용어

MC: ①무대 위에서 하는 아티스트의 토크. 라이브 MC라고도 한다. ②라이브의 진행을 맡은 사회역. 없는 경우도 많지만 컨테스트 형식의 라이브나 스쿨 밴드 이벤트에서는 있기도 한다.

재킷: CD 케이스에 그려진 일러스트나 사진. 앨범 아트, 앨범 커버라고도 한다.

세트리스트: 라이브에서 공연하는 곡의 순서를 적은 종이, 또는 순서 그 자체. 줄여서 '셋리'라고도 한다. 관객에게 보이지 않도록 스테이지 바닥 등에 붙여놓기도 한다.

스트라토 샤우트

윙 스테이지: 스테이지 양 옆의 관객에게 보이지 않는 곳. '소데'라고도 한다.

합동 라이브: 여러 밴드가 함께 공연하는 것. 일본에서는 '타이반(対バン)'이라고 한다. 밴드 한 팀이 하는 라이브는 '단독 라이브'라고 한다.

다이브: 관객 위로 뛰어드는 퍼포먼스. 아티스트의 몸을 헹가래 하듯이 떠받친다. 관객 자신이 다이브에 참가하는 일도 있다. 안전상의 이유로 금지된 회장도 많다.

티켓 할당량: 일본 특유의 밴드 문화. 라이브 하우스에서 라이브 참가 밴드에게 판매하도록 부과하는 일정한 티켓의 수. 밴드는 직접 발로 뛰며 할당량 이상 티켓을 팔아야 한다.

퇴근길: 라이브 종료 후에 아티스트가 나오는 것을 회장 밖에서 기다리는 행위. 일본에서는 '데마치(出待ち)'라고 한다. 금지된 라이브도 많다.

하코: 라이브 하우스, 또는 라이브 회장을 일컫는 일본의 은어.

밴드티: 밴드 티셔츠의 줄임말. 밴드 로고 등이 들어간 티셔츠로, 밴드 굿즈의 대표격이다.

페스: '록 페스티벌'의 줄임말인 경우가 많다. 여러 밴드가 출연하는 대규모 라이브 이벤트이며, 정말 규모가 큰 경우에는 며칠에 걸쳐서 진행되고 방문객 수도 수십만 명에 달한다. 대규모 페스에 출연하는 것을 꿈꾸는 밴드도 결코 적지 않다.

전단지: 라이브 회장에서 나눠주는 홍보용 전단지. 일본에서는 '플라이어(Flier)'라고도 한다.

모시(Mosh): 관객들끼리 몸을 부딪히는 일. 다이브와 마찬가지로 금지하는 회장도 많다.

샘플 시나리오 홀로 나서는 배

이 시나리오는 졸업식 한 달 전부터 시작하여 선배의 졸업을 라이브로 송별하기까지의 이야기를 그립니다.

『스트라토 샤우트』의 시나리오로서는 단순한 구조이므로 규칙 이해에 도움이 될 것입니다.

시나리오 스펙

- PC 인원수: 4인
- 플레이어 레벨: 1
- 플레이 시간: 3~4시간
- 타깃: 카가미 유우키
- DP: 120

플레이어가 규칙에 익숙하지 않은 경우 DP를 100까지 낮추는 것을 추천합니다.

NPC

카가미 유우키 (18세, 남성(여성도 가능))

PC들의 경음악부 선배입니다.

3학년생끼리 결성한 밴드 'DETONATE(데토네이트)'에서 보컬을 맡고 있습니다.

DETONATE로 프로 데뷔하는 것을 꿈꾸고 있었지만, 밴드 멤버들은 그럴 생각이 없었고, 졸업과 함께 해산하게 되었습니다. 유우키는 그 사실을 받아들이지 못하고 굴레에 빠지고 만 것입니다.

사쿠라 마코토 (18세, 남성(여성도 가능))

PC들의 경음악부 선배입니다.

유우키와 마찬가지로 DETONATE의 멤버이며, 드럼을 담당하고 있습니다.

남을 잘 챙겨주기 때문에 후배나 동료들에게 사랑받고 있습니다.

PC와 유우키 사이에서 중개자 역할을 하는 등 곤란한 상황에서 등장시키면 좋을 것입니다. 자유롭게 설정을 추가해도 상관 없습니다.

사전 준비

게임 마스터는 샘플 시나리오를 한 번 읽어둡니다.

이어서 필요한 것들을 준비합니다. 「3·01 세션 준비」도 참조하시기 바랍니다.

260~261p에 있는 시나리오 시트와 굴레 카드를 인쇄합니다. 굴레 카드는 카드 형태로 자르고 가운데를 접어서 책처럼 만들어 둡니다.

그리고 가사 시트도 필요합니다. 원하는 노래 가사를 적은 종이를 준비하고, 가사를 삼등분해둡니다.

어떤 가사를 사용할지는 게임 마스터가 정합니다.

시나리오 테이스트상 꿈을 응원하는 가사나 졸업송이 어울릴지도 모릅니다.

캐릭터 제작

무대는 가상의 고등학교입니다. 설정이 필요하다면 「10 세계 설정」에 있는 사립 아오가네 고등학교를 사용해도 됩니다.

게임 마스터는 이번에 사용하는 캐릭터가 고등학교 1~2학년생임을 플레이어에게 전달합니다.

PC는 경음악부 소속으로, 경음악부에는 3학년생 선배들의 밴드가 있습니다. 그 외의 부원은 있든 없든 상관없습니다.

배경이 되는 시기는 졸업시즌으로, 조금 늦은 시기입니다. PC 몇 명이 늦게 입부한 걸로 설정하면 캠페인 첫 세션으로 사용하기에도 용이할 것입니다.

그 외의 제한은 없습니다. 【악기】 등을 서로 상의하며 정해주십시오.

인트로 페이즈

자기소개, 밴드명 결정, 리더 위임 등을 마치면 초기 【인연】을 획득하게 됩니다.

게임 마스터는 이 시나리오의 타깃인 유우키에 대해서 굴레의 【정체】를 최대한 스포일러하지 않는 선에서 간단하게 설명합니다.

그리고 유우키와 가장 깊은 관계를 가진 PC를 플레이어와 상의하여 정하고, 초기 【인연】 획득 처리를 합니다.

그후 마스터 장면 「보컬 부재」를 하고, 드라마 페이즈로 넘어갑니다.

마스터 장면 「보컬 부재」 ─────────────

졸업식까지 앞으로 1개월이 남은 초봄의 어느날.

방과후, PC들은 경음악부 부실에 있습니다. 게임 마스터는 그들이 부실에서 어떻게 지내는지 가볍게 물어봐도 좋습니다.

적절한 타이밍에 부실에 선배인 사쿠라 마코토가 나타납니다.

마코토는 3학년생들의 밴드 'DETONATE(데토네이트)'의 드러머입니다. 남을 잘 챙기며, PC들에게도 잘해주었습니다.

마코토는 PC들에게 인사하고서 "유우키는 안 왔어?"라고 묻습니다. 최근에 학교에서 유우키의 모습을 못 봤기 때문에 부실의 상황을 보러 온 것 같습니다. 스마트폰 등으로 연락하려고 해도 응답이 없습니다.

마코토는 "그 녀석을 찾게 되면 나중에 상태가 어떤지 알려줘. 아, 그리고 부실 앞에서 이런 걸 받았어." 하고 한 장의 프린트를 건네줍니다.

그 내용은 부실 이전에 관한 것이었습니다. 3학년들이 졸업함에 따라 소규모 부활동 몇 개가 사라져서 빈 교실들이 생겼습니다. 그래서 부활동 규모에 따라 경음악부를 비롯한 부실 몇 곳을 교체할 예정이라는 듯 합니다.

경음악부가 어떤 부실로 이동하게 될지는 게임 마스터가 생각해도 되고, 플레이어에게 맡겨도 됩니다.

참고로 경음악부 부실은 완전히 어지럽혀져 있습니다. 특히 벽에 붙은 철제 사물함은 학교의 비품이나 OB들의 작별 선물, PC들의 개인 물품들로 뒤죽박죽입니다.

3학년생들은 앞으로의 생활에 대한 준비도 있고 해서 별로 얼굴을 비치지 않기 때문에 부실 청소는 PC들이 해야 합니다. 마코토는 "우리도 가능한 한 돕고는 싶지만... 별로 기대하지는 말아주라."라고 곤란한 듯이 쓴웃음을 짓습니다.

여기까지 연출하면 게임 마스터는 시나리오 시트와 가사 시트를 플레이어가 볼 수 있도록 펼쳐놓습니다. 이어서 굴레 카드 넘버1을 출현 상태로 하고 장면을 닫습니다.

드라마 페이즈

드라마 페이즈는 200p의 드라마 페이즈 규칙을 참조하면서 진행합니다.

드라마 페이즈 중에는 마스터 장면이 삽입됩니다. 타이밍은 「A 수납장 정리」와 「A 상자에 짐 정리하기」의 두 스텝이 연출된 이후입니다.

또한 굴레 넘버2는 굴레 넘버1이 공개 상태가 되면 동시에 출현 상태가 됩니다.

드라마 페이즈 마지막에 백스테이지 장면을 하는 것을 잊지 마시기 바랍니다.

마스터 장면 「행방불명」

이 장면은 「A 수납장 정리」와 「A 상자에 짐 정리하기」의 두 스텝이 연출되었다면 그 장면 다음에 삽입합니다.

장면 배경은 짐 상자들을 다 정리한 깔끔한 부실입니다.

3학년생들이 과자나 주스를 갖고서 청소 상태를 보러 옵니다. 그중에 유우키의 모습은 보이지 않습니다.

선배들은 PC들에게 수고했다고 하면서 테이블 위에 간식들을 늘어놓고 간단한 파티를 시작합니다.

3학년생들은 "유우키는?" "학교에 안 온 모양인데." "진짜? 출석일수는 문제 없을 것 같지만 걱정이네." 등의 이야기를 하며 걱정스러운 표정을 짓고 있습니다.

마코토는 "어쩌면 연습 스튜디오라도 간 걸지도 모르지. 그 녀석 악기를 진짜로 좋아하니까." "만약 스튜디오에서 그 녀석과 만나면 학교 좀 잘 나오라고 전해줘."라고 PC들에게 말합니다.

여기까지 연출했다면 게임 마스터는 굴레 넘버3을 출현 상태로 하고 장면을 닫습니다.

라이브 페이즈

PC들의 라이브 장면입니다.

이 라이브는 「10·01·04 이벤트」에 있는 송별 합동 라이브입니다.

라이브 하우스에는 D현의 이런저런 학교들에서 졸업생들에게 자신들의 공연을 보여주려는 경음악부원들이 모여있습니다.

이벤트 중간 즈음에 PC들의 차례가 옵니다. MC(사회자)가 PC 밴드의 이름을 호명하고, PC들은 스테이지로 올라갑니다.

스테이지 위에서는 'DETONATE'의 3명이 보입니다.

그리고 객석 뒤편에는 모자를 깊게 눌러쓰고 고개를 숙인 유우키의 모습도 보입니다. 다른 멤버들과 마주치지 않도록 일부러 떨어져 있는 듯합니다.

스테이지 위의 연출이 끝나면 연주가 시작됩니다. 게임 마스터는 제1라운드를 개시해주십시오.

● 아웃트로 페이즈

에필로그를 연출합니다.

DP가 0이 됐는지 아닌지에 따라 전개가 달라집니다.

또한 게임 마스터는 여기에 적히지 않은 전개를 그릴 권한이 있습니다. 보다 좋은 엔딩이 있다면 그쪽을 우선하시기 바랍니다.

DP가 0이 된 경우

라이브 종료 후 PC들의 스마트폰에 "좋은 라이브였어. 고마워."라는 메시지가 옵니다.

그 뒤로 며칠 후 졸업식 장면을 합니다.

유우키는 "걱정 끼쳤지."하고서 부끄러운 듯이 PC들 앞에 나타납니다. 하지만 그 표정은 왠지 시원해 보입니다.

"DETONATE는 진짜 좋은 밴드였어. 해산하게 되면 음악을 하는 의미 따위 없는 거나 마찬가지라고 생각했어. 하지만... 난, 내 노래를 누군가 들어주지 않는다면 살아갈 수 없을 것 같은 느낌이 들거든. 그러니까 포기하지 않을래. 언제까지나 내 음악을 계속 만들어갈까 싶어."

이어서 유우키는 PC들에게 이렇게 말합니다.

"너희도 언젠가 뿔뿔이 흩어질지도 모르지. 그때는 무언가를 결단하지 않으면 안 될 거야. 설령 어떤 결정을 하더라도 결코 후회하지마. 뭐, 내가 할 말은 아닌가."

유우키는 그 후에 DETONATE의 멤버들과 합류해서 교문을 나섭니다.

DP가 0이 되지 않은 경우 ─────────────────

연주 종료 후 유우키는 어느샌가 라이브 하우스에서 사라졌습니다.

그 뒤로 며칠 후 졸업식 장면을 합니다.

유우키는 중정의 벤치에 앉아서 망연한 표정으로 하늘을 바라보고 있지만, PC의 존재를 눈치채면 가볍게 인사합니다.

"라이브, 봤어. 고생했네."

그 맥없는 말을 들으면 아직도 상실감에서 벗어나지 못한 듯 보입니다. 그는 잠시 침묵하고서 이렇게 말합니다.

"너희도 언젠가 뿔뿔이 흩어질지도 모르지. 그때는 무언가를 결단하지 않으면 안 될 거야. ... 후회 없도록 해. 뭐, 내가 할 말은 아닌가."

유우키는 힘없이 웃고서 일어서서 그 자리를 떠납니다.

연출이 마무리되면 이 세션은 종료입니다.

「7 아웃트로 페이즈」를 참조하면서 경험치 획득이나 데이터 리셋을 하면 됩니다.

STRATO SHOUT

스트라토 샤우트 시나리오 시트

시나리오명 홀로 나서는 배

타깃	서브 시나리오
이름 카가미 유우키	**이름** 부실 이전

굴레 상태		스텝	
1 ○출현 상태 ○공개 상태	A	수납장 정리	□■■■■
2 ○출현 상태 ○공개 상태	A	상자에 짐 정리하기	□■■■■
3 ○출현 상태 ○공개 상태	B	짐 옮기기	□■■■■
4 ○출현 상태 ○공개 상태	EX	새 부실에 짐 풀기	□□□□□

카드 두는 곳

굴 레

넘 버

① DETONATE

지정특기

《동료／가치관 4》

《도시／모티브 6》

이 카드의
뒷면은 접근 판정이
성공하면 공개된다.

STRATO SHOUT

DETONATE는 멤버 졸업과 동시에 해산한다. 멤버들의 진로는 각자 다양하고, 현외로 나가는 사람도 있다. 어쩌면 앞으로 멤버들이 모이는 일은 없을 지도 모른다.

정체	
부조화 : 상시	
지배력	**효과**
공개 시 5	타깃에 대한 [인연]을 사용할 수 없다.
비공개 시 8	

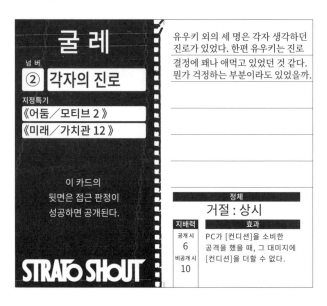

굴레

넘 버
② 각자의 진로

지정특기
《어둠／모티브 2》
《미래／가치관 12》

이 카드의
뒷면은 접근 판정이
성공하면 공개된다.

STRATO SHOUT

유우키 외의 세 명은 각자 생각하던 진로가 있었다. 한편 유우키는 진로 결정에 꽤나 애먹고 있었던 것 같다. 뭔가 걱정하는 부분이라도 있었을까.

정체
거절 : 상시

지배력	효과
공개 시 6 비공개 시 10	PC가 [컨디션]을 소비한 공격을 했을 때, 그 대미지에 [컨디션]을 더할 수 없다.

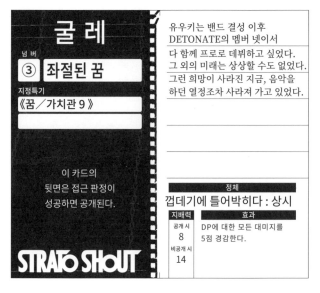

굴레

넘 버
③ 좌절된 꿈

지정특기
《꿈／가치관 9》

이 카드의
뒷면은 접근 판정이
성공하면 공개된다.

STRATO SHOUT

유우키는 밴드 결성 이후 DETONATE의 멤버 넷이서 다 함께 프로로 데뷔하고 싶었다. 그 외의 미래는 상상할 수도 없었다. 그런 희망이 사라진 지금, 음악을 하던 열정조차 사라져 가고 있었다.

정체
껍데기에 틀어박히다 : 상시

지배력	효과
공개 시 8 비공개 시 14	DP에 대한 모든 대미지를 5점 경감한다.

1 부록

STRATO SHOUT

이 다음 페이지는 『스트라토 샤우트』에서 사용하는 각종 시트들을 실어두었습니다. 복사해서 사용하시기 바랍니다. 캐릭터 시트는 이 책의 표지 뒷면에도 있습니다.

TRPG Club 사이트에서 PDF 형식으로 다운로드 할 수도 있습니다. PDF 파일을 인쇄할 수 있는 분은 그쪽을 이용하시기 바랍니다.

1·01 캐릭터 시트

플레이어가 PC 데이터를 기입하는 시트입니다. 플레이어 한 명당 한 장이 필요합니다.

1·02 시나리오 시트

시나리오 데이터를 기입하는 시트입니다. 한 세션에 한 장 필요합니다. 기입은 게임 마스터가 합니다.

1·03 굴레 카드

굴레의 데이터를 기입하는 카드입니다.

인쇄한 후에 카드 형태로 접어서 사용하시기 바랍니다.

1·04 서머리

플레이어가 자주 사용하는 규칙을 간단히 요약해둔 서머리입니다. 드라마 페이즈 서머리와 라이브 페이즈 서머리 두 종류가 있습니다.

참가자에게 두 종류를 한 장씩 나눠주게끔 인쇄해두면 좋을 것입니다.

1·05 범용 가사

세션에 자유롭게 사용할 수 있는 가사입니다.

응원곡 같은 가사와 약간 어두운 가사 두 종류가 있습니다.

PC가 작사했다는 설정으로 쓰는 것도 재밌을지도 모릅니다.

스트라토 샤우트

캐릭터

- 이름
- 백스토리
- 레이블
- 적성 ○ 이모션 ○ 테크닉 ○ 로직

악기

- 경위
- 기종
- 디스코드
- 컨디션

악기 위력

- 인연
- 대상 ／ 속성 ／ 강도

특기 리스트

	가치관	신체	모티브	정서	행동	역경	
2	과거	머리	어둠	슬픔	울다	죽음	2
3	연인	눈	무기	분노	잇다	상실	3
4	동료	귀	마법	불안	지우다	폭력	4
5	가족	입	도시	공포	부수다	고독	5
6	자신	가슴	녹음	놀람	외치다	후회	6
7	지금	심장	노래	두근거림	노래하다	실수	7
8	이유	피	창문	정열	춤추다	따분함	8
9	꿈	등	꽃	확신	달리다	본성	9
10	세계	손	하늘	즐거움	만나다	재산	10
11	행복	XXX	계절	기대	부르다	연애	11
12	미래	발	빛	기쁨	웃다	삶	12

스킬

이름	타이밍	효과

프레이즈 1
지정특기

프레이즈 2
지정특기

프레이즈 3
지정특기

STRATO SHOUT

스트라토 샤우트 시나리오 시트

시나리오명

타깃

이름

서브 시나리오

이름

굴레 상태

1️⃣ ○출현 상태 ○공개 상태
2️⃣ ○출현 상태 ○공개 상태
3️⃣ ○출현 상태 ○공개 상태
4️⃣ ○출현 상태 ○공개 상태

스텝

카드 두는 곳

굴 레

넘 버

지정특기

이 카드의
뒷면은 접근 판정이
성공하면 공개된다.

STRATO SHOUT

정체		
지배력	효과	
공개 시		
비공개 시		

굴 레

넘 버

지정특기

이 카드의
뒷면은 접근 판정이
성공하면 공개된다.

STRATO SHOUT

정체		
지배력	효과	
공개 시		
비공개 시		

스트라토 샤우트 드라마 페이즈 서머리

접근 장면

접근하는 굴레 카드를 선택

장면 표를 굴린다

굴레 카드의 지정 특기로
접근 판정!

판정 성공!

굴레 카드를 공개 상태로 변경

【컨디션】 3점 획득

타깃에 대한 【인연】 1점 획득

판정 실패...

【컨디션】 1점 획득

타깃에 대한 【인연】 1점 획득

분주 장면

스텝을 선택

장면 등장인물을 결정

장면 전개 표를 굴려 지시된
【컨디션】, 【디스코드】를 획득

자유 특기로 분주 판정!

판정 성공!

【기량】 1D6점 상승

장면 등장 캐릭터에 대한 【인연】 1점 획득

판정 실패...

장면 등장 캐릭터에 대한 【인연】 1점 획득

연습 장면

장면 등장인물을 결정

장면 전개 표를 굴려 지시된
【컨디션】, 【디스코드】를 획득

자유 특기로 연습 판정!

판정 성공!

【기량】 1D6점 상승

장면 등장 캐릭터에 대한 【인연】 1점 획득

판정 실패...

장면 등장 캐릭터에 대한 【인연】 1점 획득

장면에 따른 가사를 골라 【프레이즈】 획득

【프레이즈】 지정 특기 결정

백스테이지 장면

서브 시나리오를 클리어했다면 【컨디션】 1D6점 획득

【디스코드】를 가진 PC는 결의 판정!

목표치는 [9-클리어한 스텝의 수]. 판정에 자신에 대한 【인연】의 강도만큼 플러스

판정 성공!

【컨디션】을 [【디스코드】×2]점 획득

판정 실패...

【컨디션】이 【디스코드】만큼 감소

스페셜

판정은 자동 성공!

【컨디션】 2점 획득

펌블

판정은 자동 실패...

【디스코드】 2점 획득

컨디션

판정 전에 소비하면 그만큼
달성치 상승(최대 6점)

판정 후에 1D3점을 소비하면
주사위 재굴림

작전

타깃에 대한 【인연】을 1점 소비할 때마다 자신에게 특수한 효과 발동

이모션	테크닉	로직
대상의 대미지 산출 직후에 사용 주는 대미지가 2D6점 상승	언제든지 사용 【컨디션】 1D6점 증가	대상의 판정 직후에 사용 판정 주사위를 재굴림

스트라토 샤우트 라이브 페이즈 서머리

	[프레이즈] 미사용	[프레이즈] 사용
공격	**일반 공격** 타깃에게 공격→자유 특기로 공격 판정! 굴레에게 공격→굴레 카드의 지정 특기로 공격 판정! **판정 성공!** 대상에게 [[악기 위력]] + 【기량】 + 소비한 【컨디션】]점의 대미지!	**프레이즈 공격** 【프레이즈】 지정 특기로 공격 판정! **판정 성공!** 대상에게 [[악기 위력]] + 【기량】 + 소비한 【컨디션】 + 2D6]점의 대미지!
회복	**일반 회복** 자유 특기로 회복 판정! **판정 성공!** 【컨디션】을 1D6점 획득!	**프레이즈 회복** 자유 특기로 회복 판정! **판정 성공!** 【컨디션】을 2D6점 획득!
프레이즈 버스트		**프레이즈 버스트** 【프레이즈】 지정 특기로 판정! **판정 성공!** 프레이즈 버스트 발동!

굴레 부활
라운드 개시 직후에 굴레가 2개 부활!

라스트 스퍼트
제3 라운드에서는 모든 대미지가 1D6점 상승!

타깃에 대한 【인연】
타깃에 대한 【인연】을 1점 소비할 때마다 자신에게 특수한 효과 발동

달성치 상승	대미지 상승	회복량 상승
판정 직후에 사용 자신의 달성치가 1점 상승	대미지 산출 직후에 사용 자신이 주는 대미지가 1D6점 상승	【컨디션】 획득 시에 사용 자신이 회복하는 【컨디션】 2점 상승

스트라토 샤우트

작사: 후루마치 미유키

A 파트 / 제 1 라운드

추억은 언제나 누군가의 편
너무 부러워서 눈물이 나
손버릇으로 세웠던 시계열은
웃길 정도로 맥없이 흩어졌어

꿈 정도는 희생하라는 말 있잖아
잔혹한 말을 아무렇지도 않게 하네
차가운 건 전자렌지에 돌려서
어떻게든 여기까지 끌고 왔는 걸

걷고 달리고 뛰고 구르고
기고 흐르고 겨우 앉아서
새로운 세계만을 두 눈에 담고
여기까지 왔잖아
다음은 어디라도 갈 수 있잖아
외쳐봐 하늘에 닿을 때까지

B 파트 / 제 2 라운드

경솔하게 흘린 말
계속 마음에 걸렸어
손바닥으로 쫓은 상냥함이
내 등을 손가락질하고 있어

자신을 바꾸면 된다는 말 있잖아
정론 일반론 내세우지마
녹투성이 천칭이 기울고
아슬아슬 괴로운 소리를 내지

다물고 웃고 토하고 잡아떼고
울고 신음하고 겨우 노래하고
자기혐오에 삼켜지면서도
여기까지 왔잖아
그러니 이제 무섭지 않잖아
외쳐봐 너에게 닿을 때까지

C 파트 / 제 3 라운드

걷고 달리고 뛰고 구르고
기고 흐르고 겨우 앉아서
새로운 세계만을 두 눈에 담고
회오리바람이 불어서 새 깃발이 뒤집혔어
외쳐봐 다리 보고 움직이라고

걷고 달리고 뛰고 구르고
기고 흐르고 겨우 앉아서
새로운 세계만을 두 눈에 담고
여기까지 왔잖아
다음은 어디라도 갈 수 있잖아
외쳐봐 하늘에 닿을 때까지
너에게 닿을 때까지
나를 드러낼 때까지

Trickst∀r

작사: 후루마치 미유키

A 파트 / 제 1 라운드

모르는 말들에 둘러싸여서
겁먹은 얼굴이 어울리네요
당신이 손에 쥔 에이스는
세절기에서 나올 무렵

비기너즈 럭도 여기까지
옭아맨 룰에 삼켜지고
해저로 가는 편도 티켓
분명 조용한 꿈일 테죠

'판'을 비틀어 뇌를 떨게해
전세의 룰을 부숴
상식 따윈 의미 없는 종말이 담긴 대답을
광란이 최고의 BGM
유열의 트릭스터

B 파트 / 제 2 라운드

정의로운 망상에 맡기고서
시시한 경봉을 휘두르지마
카피한 심장을 Break it
리얼에서 깨는 여린 환상

인간의 역사에 이름을 새길려고
그저 모면하기 위한 책략들 뿐
현상범의 애처로운 댄스
한없이 이어지는 연쇄반응

'판'을 비틀어 뇌를 떨게해
전세의 룰을 부숴
이론 따윈 시시하니 혁신해
바로 이 시대를
박동은 최속의 BPM
파괴의 트릭스터

C 파트 / 제 3 라운드

'판'을 비틀어 뇌를 떨게해
전세의 룰을 부숴
희생자로는 안 끝나니 반격하자
바로 지금을
심장에 휘감긴 사슬을 부숴봐

'판'을 비틀어 뇌를 떨게해
전세의 룰을 부숴
상식 따윈 의미 없는 종말이 담긴 대답을
광란이 최고의 BGM
유열의 트릭스터

후기

이번에 이 책을 사주셔서 감사합니다.
모험기획국의 후루마치 미유키입니다. 그리고 남자입니다.

밴드는 좋지요.
… 라는 한 줄밖에 적을 것이 없을 정도로 "밴드는 좋지요."라는 일념 하나만으로 만든 게임입니다.
저도 실제로 밴드를 결성한 적이 있습니다. 학창시절 정도는 아니지만 라이브도 종종 다닙니다.
그런 경험 속에서 "밴드는 이게 좋아."라는 부분을 추출한 것이 『스트라토 샤우트』입니다. 제 안에 있는 동경하는 것들의 집합체라고 할 수 있을지도 모릅니다. 여러분도 부디 이상적인 밴드상을, 마음껏 부딪혀 보셨으면 합니다.

그리고 청춘을 테마로 한 것은 순전히 취향입니다.
고등학생 정도의 젊은이가 자신의 존재의의라던가 미래에 대한 불안이라던가, 논리나 이유만으로는 깔끔하게 정리하지 못하는 흙투성이 본능 같은 것과 마주하며 괴로워하는 모습이 좋습니다. 크흐흐.
벌레로 치면 우화하는 시기지요. 날개는 쭈글쭈글하고 몸색깔도 옅지만 조금만 지나면 예쁜 모습이 되어 하늘을 날게 됩니다. 그런 아름다움이라고 생각합니다.
이 책은 게임 디자인 그룹인 모험기획국에 의해서 집필 및 디자인되었습니다. 게임 디자인, 규칙 파트, 리플레이 파트 집필 등은 후루마치 미유키가 맡았습니다. 리플레이 파트의 주석 집필은 게임 디자이너인 아쿠타베 우류가 협력해주었습니다. 또한 본문 디자인은 모험기획국의 최강 디자이너팀이 맡았습니다.

표지 일러스트와 리플레이 삽화는 '소년 점프+'(슈에이샤)에서 만화 『록킹 유!!!』를 연재하고 있는 이시카와 카오리 씨에게 부탁드렸습니다. 표지를 받았을 때 너무나도 멋있어서 모험기획국 모두에게 자랑하고 다녔습니다. 진심으로 감성 넘치는 표지, 정말로 감사드립니다.

악기 소개 일러스트는 일러스트레이터 겸 영상 크리에이터인 츠즈츠 씨에게 부탁드렸습니다. 급한 요청임에도 개의치 않고 대박 멋지고 대박 귀여운 고교생 밴드를 그려주셔서 정말로 감사드립니다. 좋아. 진짜 좋아.

익숙한 말 일러스트는 모험기획국의 오치아이 나고미.

리플레이는 친구 4명이 참가해주었습니다. 진짜 친구입니다. 이름만 바꿨습니다. 협력해줘서 고맙다. 그리고 방 쓰게 해줘서 고맙다. 다음에도 같이 전골 먹자.

그리고 『스트라토 샤우트』의 기본 규칙은 카와시마 토이치로가 제작한 범용 TRPG 시스템 「사이코로 픽션」을 사용하고 있습니다.

이 시리즈는 전부 리플레이와 규칙이 같이 있는 알찬 한 권 구성입니다. 출간작들은 표지 날개를 봐주시고, 흥미가 생긴다면 부디 그쪽도 해보시기 바랍니다. 그럼 언젠가 다시 뵙겠습니다.

2018년 12월 모일.
Hi-STANDARD 「Stay Gold」를 들으며.

INDEX

ㅋ

ㅌ

ㅍ

ㅎ

청춘 밴드 TRPG
스트라토 샤우트

청춘 밴드 TRPG 스트라토 샤우트

2024년 08월 02일 초판 인쇄
2024년 08월 12일 초판 발행

원제　　青春バンドTRPG ストラトシャウト
저자　　후루마치 미유키/모험기획국
역자　　디로버

한국어판 제작
편집　　전홍준, 곽건민(이그니시스)
교정　　전홍준, 곽건민(이그니시스), 디로버, 정재민
발행　　TRPG Club

ISBN　　979-11-88546-51-0